Die Geschichte der

Spekulationsblasen

John Kenneth Galbraith

Die Geschichte der Spekulationsblasen

Die Psychologie
hinter vier Jahrhunderten
Gier und Panik an der Börse

Börsenbuchverlag

Die Originalausgabe erschien unter dem Titel
A short history of financial euphoria
ISBN: 978-1-101-65080-6

This edition published by arrangement with Viking, an imprint of Penguin Publishing Group, a division of Penguin Random House LLC.

2. Auflage 2020

Übersetzung: Wolfgang Rhiel
Layout und Satz: Sabrina Slopek
Covergestaltung und Herstellung: Daniela Freitag
Lektorat: Elke Sabat
Korrektorat: Claus Rosenkranz
Druck: GGP Media GmbH, Pößneck

ISBN 978-3-86470-677-6

Bibliografische Information der Deutschen Nationalbibliothek:
Die Deutsche Nationalbibliothek verzeichnet diese Publikation in der Deutschen Nationalbibliografie; detaillierte bibliografische Daten sind im Internet über <http://dnb.d-nb.de> abrufbar.

BÖRSEN MEDIEN
AKTIENGESELLSCHAFT

Postfach 1449 • 95305 Kulmbach
Tel: +49 9221 9051-0 • Fax: +49 9221 9051-4444
E-Mail: buecher@boersenmedien.de
www.boersenbuchverlag.de
www.facebook.com/boersenbuchverlag

Inhalt

Vorwort zur Auflage von 1993

Es ist jetzt drei Jahre her, dass ich die Hauptarbeit an diesem Büchlein geleistet habe. Wie schon im Vorwort zur früheren Auflage gesagt, geht es darin um Angelegenheiten, für die ich mich schon seit mehr als einem Dritteljahrhundert interessiere. Erstmals behandelt habe ich sie in „The Great Crash, 1929", das kurz nach dem 25-jährigen Jubiläum des Debakels von 1929 erschien. Seither war das Buch durchgehend erhältlich. Immer wenn es kurz davorstand, nicht mehr nachgedruckt zu werden, rückte eine neue spekulative Episode oder eine neue Katastrophe es wieder in die öffentliche Aufmerksamkeit. Ein Leben lang profitierte ich in bescheidener Weise stetig von der spekulativen Verirrung, die öfter als nur gelegentlich mit Wahnsinn einherging. Nur mein unerschütterlicher Charakter hält mich davon ab, solche Ereignisse als Beweis für persönliche Voraussicht und Quelle einer kleinen finanziellen Entlohnung zu begrüßen.

Im ersten Vorwort zu diesem Buch sprach ich von meiner Hoffnung, dass die Manager der Unternehmen, die Bewohner der Finanzwelt und die Bürger der spekulativen Stimmung, Neigung oder Versuchung daran erinnert werden mögen, dass nicht nur Dummköpfe, sondern auch sehr viele andere Menschen zu Zeiten spekulativer Euphorie immer wieder um ihr Geld erleichtert werden. Von dem gesellschaftlichen und persönlichen Wert einer solchen Warnung, von dem ich schrieb, bin ich heute weniger überzeugt als damals. Hingegen bin ich überzeugt, dass der wiederkehrende Spekulationswahnsinn sowie die finanzielle Beraubung und die größeren Verheerungen, die damit einhergehen, dem System innewohnen. Vielleicht wäre es besser, dies anzuerkennen und zu akzeptieren.

In den Jahren, seit ich diese kleine Abhandlung schrieb, begegneten die Hauptakteure der jüngsten spekulativen Episode – in den extravaganten 1980er-Jahren – alle ihrem so gut wie unvermeidlichen Schicksal und die weitreichenderen wirtschaftlichen Folgen wurden in ebenso deutlicher wie trauriger Weise offenkundig. Die Liste derjenigen, die abrupt aus großer Höhe abstürzten, ist lang und nur wenige brauchen erwähnt zu werden. Michael Milken, der vielleicht die spektakulärste Gestalt des jüngsten Booms war – und sicherlich die am besten bezahlte –, bewohnte bis vor Kurzem eine Zelle im offenen Strafvollzug, die zwar womöglich nicht völlig ungemütlich war, ihm aber sicherlich nicht wie eine Belohnung vorkam. Er dürfte wohl von jedem neuen Tag wenig begeistert gewesen sein. Über Donald Trump heißt es, er sei nicht pleite, und doch stand in aktuellen Meldungen, er habe ein negatives Vermögen. Solche Unterscheidungen sind in der Finanzwelt zweifellos von Bedeutung. Die Gebrüder Reichmann – zusammen mit Robert Campeau der nette kanadische Beitrag zu den Finanzexzessen – sind zweifellos pleite, was auch die Banken nach unten zieht, die sich von ihrer euphorischen Stimmung mitreißen ließen. Vielleicht kann man ihnen zugutehalten, dass sie ebenso wie Donald Trump Baudenkmäler errichtet haben, die noch lange an ihr Abenteuer gemahnen werden. Touristen, die in London an der Themse entlang in Richtung Tower schlendern, werden ihren Ausflug wahrscheinlich zur Baustelle Canary Wharf hin verlängern, dem wohl eindrucksvollsten neueren Beispiel für spekulative Demenz.

Ein auffallender Teil der Spekulationsorgien der 1980er-Jahre fand im Immobilienbereich statt, auch die mittels der Sparkassen vom amerikanischen Steuerzahler finanzierte. Die Wall-Street-Bank Salomon Brothers schätzte kürzlich, es werde im Schnitt zwölf Jahre dauern, bis die derzeit leer stehenden gewerblichen Immobilien belegt sein werden. Doch was hilft einem ein Durchschnitt? In Boston soll diese Vorsorge für die Zukunft Salomons Schätzung zufolge 26 Jahre halten, in New York 46 und im texanischen San Antonio 56 Jahre (womit die Stadt gewissermaßen führend ist).

Indes gehen die Auswirkungen der Prasserei weit über den Immobiliensektor hinaus und reichen von ernst bis traurig. Die New Yorker müssen eine Träne verdrücken, wenn sie sehen, wie sich R. H. Macy – eines der großen Symbole der Stadt – bemüht, am Leben zu bleiben und nicht nur die Waren zu bezahlen, die es verkauft, sondern auch die drückenden Lasten für diejenigen, die seinen Konkurs beaufsichtigen. Die Ursachen der Schwierigkeiten, in denen diese großartige Institution steckt, stehen nicht in Zweifel: Es war die massive Schuldenlast, die sie sich aufbürdete, um in den Jahren der finanziellen Plünderungen und Verheerungen die Kontrolle zu erlangen und zu behalten. Andere Unternehmen im ganzen Land wurden in ähnlicher Weise gepeinigt und ächzen ähnlich unter der daraus resultierenden Schuldenlast. Unter der gleichen Last ächzen die Banken, die die Immobilienspekulationen mittrugen und Darlehen für freundliche Fusionen und Übernahmen, für feindliche Übernahmen, fremdfinanzierte Übernahmen und die sonstigen Übungen in finanzieller Verwüstung gewährten.

Da ist aber noch mehr. Die Rezession, die im Sommer 1990 begann und sich so halsstarrig gegen die allwöchentlichen Vorhersagen einer Erholung hielt, wurde fast mit Sicherheit von dem spekulativen Kollaps verursacht und mit Sicherheit durch ihn vertieft und verlängert. Das Vertrauen der Allgemeinheit wurde erschüttert, die Investitionen der Unternehmen wurden gekürzt und in Schieflage geratene Banken waren gezwungen, die Kreditvergabe einzuschränken; Arbeitnehmer wurden entlassen, Manager und Bürokraten verabschiedet (Mitarbeiter höherer Gehaltsstufe entlässt oder feuert man nicht; im Interesse der höheren Effizienz werden sie einfach verabschiedet).

Und ein Ende ist noch nicht abzusehen. Hätte es keine Spekulationsexzesse und keinen Kollaps mit weitreichenden wirtschaftlichen Auswirkungen gegeben, wäre die politische Geschichte das Jahres 1992 anders verlaufen. Der Boom und der Kollaps beendeten die Karriere und die Präsidentschaft von George Bush. Ohne eine Rezession und stattdessen mit einer soliden oder mäßig florierenden Konjunktur wäre seine Wiederwahl sicher gewesen, ein Klacks. Bush gehört mit Herbert Hoover zu den beiden Präsidenten, die im 20. Jahrhundert von der Wall Street zu Fall gebracht wurden. In der Politik muss man sich ebenso wie in anderen Angelegenheiten vor seinen Freunden in Acht nehmen.

Doch so schlimm läuft es für Bush ja gar nicht. John Law, der für den Aufschwung in Frankreich Anfang des 18. Jahrhunderts maßgeblich gewesen war, ging trübselig ins Exil und das taten auch einige Staatsmänner, die von der Südseeblase heimgesucht wurden. Im Gegensatz dazu wird Bush – ebenso wie Reagan drüben in Kalifornien – einen vollkommen zivilisierten Ruhestand genießen. In kleinen Dingen ändert sich die Geschichte der großen Spekulationsbooms und ihrer Nachwehen – aber viel, viel mehr daran bleibt gleich.

KAPITEL 1

Die spekulative Episode

„Jeder, sieht man ihn einzeln,
ist leidlich klug und verständig,
sind sie in corpore, gleich wird dir
ein Dummkopf daraus."

Friedrich von Schiller,
zitiert von Bernard Barauch

Dass die freie Marktwirtschaft immer wieder zu spekulativen Phasen neigt, wird allgemein anerkannt. Diese großen und kleinen Vorgänge, bei denen es um Banknoten, Wertpapiere, Immobilien, Kunstwerke und andere Vermögenswerte oder Objekte geht, sind seit Jahren und Jahrhunderten ein Bestandteil der Geschichte. Was bisher nicht ausreichend untersucht worden ist, sind die diesen Vorgängen gemeinsamen Merkmale, die Elemente, die ihre sichere Wiederkehr anzeigen und damit den beachtlichen praktischen Nutzen besitzen, zu ihrem Verständnis und ihrer Vorhersagbarkeit beizutragen. Feste Regeln und ökonomische Kenntnisse eher orthodoxer Provenienz können weder den einzelnen noch die Finanzwelt schützen in Phasen, in denen sich erneut Euphorie einstellt und sich allgemeine Verwunderung über den Anstieg der Kurse und Preise sowie des Wohlstands verbreitet. Der Drang, mit dabei zu sein, treibt die Preise in die Höhe und am Ende steht der Zusammenbruch mit seinen unangenehmen und schmerzlichen Nachwirkungen. Einen Schutz dagegen gibt es nur, wenn man sich ein klares Bild von den Besonderheiten dieser Bewegungen gemacht hat, die – vorsichtig formuliert – in den Massenwahn führen. Erst dann nimmt der Investor die Warnsignale ernst und hat die Chance, sich in Sicherheit zu bringen.

Es gibt jedoch wenige Bereiche, in denen derartige Warnungen so ungern gesehen werden. Zunächst einmal wird es heißen, es seien Angriffe auf die wunderbare Vermehrung des Reichtums, hinter denen entweder mangelhaftes Verständnis oder bloßer Neid steckten. Am Ende wird sich jedoch die Überzeugung durchsetzen, dass darin der Mangel an Vertrauen in die dem Markt eigene Vernunft zum Ausdruck komme.

Die offenkundigeren Merkmale der spekulativen Episode sind für jeden zu erkennen, der sich um Verständnis bemüht. Durch irgendein scheinbar neues oder erstrebenswertes Produkt oder eine Entwicklung – Tulpen in Holland, Gold in Louisiana, Immobilien in Florida, die erstaunlichen Wirtschaftspläne Ronald Reagans – wird der wirtschaftliche Verstand beziehungsweise eher das, was man dafür hält, eingelullt. Der Preis für das Spekulationsobjekt steigt. Wertpapiere, Grundstücke, Kunstwerke und andere Besitztümer, die heute erstanden werden, sind morgen mehr wert. Dieser Anstieg und die Aussichten locken weitere Käufer an, die ihrerseits für einen weiteren Anstieg sorgen. Immer mehr Käufer werden angelockt, immer mehr kaufen und der Anstieg setzt sich fort. Die Spekulation entwickelt eine Eigendynamik.

Dieser Prozess ist, sobald man ihn einmal durchschaut hat, offensichtlich, besonders natürlich im Nachhinein. Genauso sind die grundlegenden Verhaltensweisen der Beteiligten klar, wenngleich es dabei allerdings individuelle Besonderheiten gibt. Das Verhalten nimmt zwei Formen an. Es gibt einerseits diejenigen, die sich einreden lassen, irgendein neuer preissteigernder Umstand sei eingetreten. Diese Leute rechnen damit, dass der Markt, womöglich unbegrenzt, weiter floriert. Er passt sich in ihrer Sicht nur einer neuen Situation an, einer neuen Welt mächtiger, ja grenzenlos wachsender Erträge und entsprechender Preise. Auf der anderen Seite stehen diejenigen, die auf den ersten Blick gescheiter und meistens in der Minderheit sind. Sie erkennen das spekulative Element des Augenblicks oder glauben zumindest, es zu erkennen. Sie sind zur Stelle, um sich von der Woge nach oben tragen zu lassen; sie sind überzeugt, dass ihre Intelligenz sie in die Lage versetzt, auszusteigen, bevor die Spekulation sich totläuft. Sie werden das Letzte aus diesem Anstieg herausholen, solange er anhält; sie werden vor dem endgültigen Einbruch Kasse machen.

Denn ein fester Bestandteil dieses Szenarios ist der unvermeidliche Zusammenbruch. Vorprogrammiert ist auch, dass er nicht sachte oder allmählich eintritt. Wenn er kommt, trägt er die Züge einer Katastrophe. Aus diesem Grund sind beide Gruppen der an der Spekulation Beteiligten auf einen plötzlichen Ausstiegsversuch eingestellt. Irgendetwas – meistens eine Kleinigkeit, obwohl immer ausgiebig darüber diskutiert wird – löst die Umkehr aus. Wer auf den Aufwärtstrend spekuliert hat, erklärt nun, dass der Augenblick gekommen sei, auszusteigen. Wer geglaubt hatte, der Anstieg währe ewig, wird abrupt zurück auf den Boden der Tatsachen geholt und auch er reagiert stracks auf die neu erkannte Wirklichkeit und verkauft oder versucht zu verkaufen. Daher der Zusammenbruch. Und daher auch die Regel, die durch die Erfahrung von Jahrhunderten gestützt wird: Die Spekulation endet nie verhalten, sondern immer mit einem lauten Knall. Wir werden genügend Gelegenheit haben, zu beobachten, dass diese Regel sich ein ums andere Mal bewahrheitet.

So weit ist, wie schon gesagt, alles klar. Weniger weiß man über die massenpsychologische Seite der spekulativen Stimmung. Wird sie vollständig begriffen, ermöglicht sie dem derart Begünstigten, sich vor der Katastrophe zu retten. Bei dem Sog, den eine solche Massenpsychose erzeugt, werden die Geretteten jedoch die Ausnahme sein. Sie haben eine weithin gültige Regel zu bestätigen und müssen sich zwei mächtigen Kräften widersetzen: erstens der starken persönlichen Interessenlage, die in der allgemeinen Euphorie entsteht, zweitens dem Druck der öffentlichen und scheinbar überlegenen finanziellen Meinung, der eine derartige Stimmung noch verstärkt. Beide sind ein Beweis für Schillers Worte, dass die Menge aus dem halbwegs gesunden Menschenverstand des einzelnen die Dummheit macht, gegen die selbst die Götter vergebens kämpfen.

Obwohl nur wenigen Beobachtern die Eskalation des Irrtums auffällt, die mit der spekulativen Euphorie einhergeht, ist sie dennoch ein äußerst einleuchtendes Phänomen. Diejenigen, die spekulieren, erfahren einen Zuwachs an Reichtum – sie werden entweder reich oder noch reicher. Kein Mensch glaubt gern, dass dies auf Zufall beruht oder unverdient ist; alle möchten vielmehr glauben, dass dies das Ergebnis des eigenen Durchblicks oder der richtigen Eingebung ist. Gerade der Anstieg der Werte nimmt also die Gedanken und Vorstellungen derer gefangen, die belohnt werden. Die Spekulation kauft in einem sehr handgreiflichen Sinn den Verstand der Beteiligten auf.

Das gilt ganz besonders für die erste der oben erwähnten Gruppen – für diejenigen, die überzeugt sind, dass die Preise und Kurse ständig und ohne Ende weiter steigen. Doch auch die auf der Eitelkeit beruhenden Fehler derjenigen, die das spekulative Spiel zu beherrschen glauben, werden auf diese Weise verstärkt.

Solange sie noch mit von der Partie sind, haben sie einen starken finanziellen Anreiz, von der überragenden eigenen Intelligenz überzeugt zu sein, die ihnen suggeriert, dass da noch mehr kommt. Einer der scharfsinnigsten Beobachter der euphorischen und durchaus typischen Spekulationsphasen des 19. Jahrhunderts war Walter Bagehot, Wirtschaftsjournalist und einer der ersten Chefredakteure des *Economist*. Ihm verdanken wir die Beobachtung, dass „die Menschen dann am leichtgläubigsten sind, wenn sie am glücklichsten sind".

Seine Bankierskollegen und die Investmenthäuser kritisierten im Jahr 1929 Paul M. Warburg, Bankier und Gründer des Federal Reserve Systems, scharf wegen seiner Warnungen vor einem Crash.

Nachhaltig gefördert wird das persönliche Interesse an der allgemeinen Euphorie durch das Verdikt, mit dem die renommierte öffentliche und wirtschaftliche Meinung alle belegt, die Zweifel oder abweichende Ansichten äußern. Ihnen wird unterstellt, aufgrund mangelnder Fantasie oder sonstiger geistiger Mängel unfähig zu sein, die neue chancenträchtige Situation zu erfassen, die den Aufschwung stütze und sichere. Oder ihre Beweggründe seien höchst suspekt. Im Winter des Jahres 1929 äußerte sich Paul M. Warburg, der angesehenste Bankier seiner Zeit und einer der Gründungsväter des amerikanischen Zentralbankensystems, kritisch über die damals grassierende hemmungslose Spekulation. Er erklärte, wenn die Spekulation andauere, sei am Ende ein verheerender Zusammenbruch unvermeidlich und das Land werde in eine schwere Krise schlittern. Die Reaktionen auf seine Aussage waren scharf, ja bösartig. Man warf ihm vor, altmodische Ansichten zu vertreten; er „meuchele den amerikanischen Wohlstand“; höchstwahrscheinlich spekuliere er selbst auf Baisse. In diesen Reaktionen schwang mehr als nur ein leichter Antisemitismus mit.

Roger Babson, ein bedeutender Kopf seiner Zeit, der sich für so unterschiedliche Dinge wie Statistik, Marktanalysen, Wirtschaftswissenschaft, Theologie und das Gesetz der Schwerkraft interessierte, sagte etwas später im September desselben Jahres unmissverständlich eine schwere Wirtschaftskrise voraus. „Es kann schrecklich werden“, erklärte er. Der Dow-Jones-Index werde um 60 bis 80 Punkte fallen und als Folge davon „werden Fabriken schließen ... Menschen werden von ihrem Arbeitsplatz vertrieben ... der Teufelskreis wird sich schließen und das Ergebnis wird eine schwere wirtschaftliche Rezession sein“.

Seine Vorhersage des Crashs 1929 brachte dem Ökonomen Roger Babson schweren Tadel seitens der großen Finanzhäuser seiner Zeit ein.

Babsons Voraussage führte zu einem starken Einbruch am Markt und die Reaktionen darauf fielen noch wütender aus als die auf Warburgs Warnung. *Barron's* schrieb, niemand, der die „berüchtigte Ungenauigkeit“ seiner bisherigen Aussagen kenne, sollte ihn ernst nehmen. Die berühmte Börsenhandelsfirma

Hornblower and Weeks erklärte ihren Kunden unmissverständlich: „Wir werden uns nicht zum Verkauf von Wertpapieren verleiten lassen, nur weil ein bekannter Statistiker unaufgefordert einen Zusammenbruch des Marktes vorausgesagt hat." Sogar Professor Irving Fisher von der Yale University, ein Wegbereiter der Einführung von Indexzahlen und darüber hinaus der innovativste Ökonom seiner Zeit, wandte sich scharf gegen Babson. Das Ganze war für alle eine Lektion, besser den Mund zu halten und stillschweigend diejenigen zu unterstützen, die sich ihren euphorischen Visionen hingaben.

Ohne mich, wie ich hoffe, zu sehr dem Vorwurf des Eigenlobs auszusetzen, möchte ich hier eine persönliche Erfahrung einflechten. Im September 1955 berief J. William Fulbright, damals Vorsitzender des amerikanischen Senatsausschusses für Bankwesen und Währung, Anhörungen ein, um eine leichte Zunahme der Spekulation am Wertpapiermarkt zu untersuchen. Neben Bernard Baruch, dem damaligen Chef der New Yorker Börse, und anderen wirklichen und vermeintlichen Fachleuten war auch ich gebeten worden, meine Einschätzung darzulegen. Ich unterließ es, einen Börsenkrach vorauszusagen, begnügte mich damit, den Ausschuss mehr oder weniger deutlich an das zu erinnern, was sich ein Vierteljahrhundert zuvor ereignet hatte, und empfahl nachdrücklich eine deutliche Erhöhung der Einschusssätze – der Anzahlung, die vor dem Kauf von Wertpapieren zu leisten ist. Noch während meines Auftritts kam es am Markt zu erheblichen Turbulenzen.

Die Reaktion an den darauffolgenden Tagen war beträchtlich. Der Postbote wankte jeden Morgen mit einem Stapel Briefe ins Haus, in denen meine Aussagen verurteilt wurden, wobei mir in den schlimmsten Fällen das angedroht wurde, was die CIA später Vollstreckung nannte, in den gemäßigteren Fällen, man werde für mein wohlverdientes Ableben beten. Einige Tage darauf brach ich mir beim Skilaufen ein Bein und Journalisten, die mich in Gips sahen, berichteten darüber. Jetzt erhielt ich Briefe von Leuten, die meinten, ihre Gebete wären erhört worden. Ich hatte einen bescheidenen Beitrag zur Stärkung der Religion geleistet. Die „stärksten" Briefe hängte ich in einem Seminarraum in Harvard als Anschauungsmaterial für die Studenten aus. Bald darauf erholte sich der Markt und mein Posteingang normalisierte sich wieder.

Nicht ganz so lange zurück liegt eine einschlägige Begebenheit, durch die im Herbst 1986 meine Aufmerksamkeit auf die sich aufschaukelnde Spekulation gelenkt wurde, die damals am Aktienmarkt um sich griff: auf die spielbankähnlichen Auswüchse im Programm- und Indexhandel und auf die damit verbundenen enthusiastischen Äußerungen, die von den handstreichartigen Firmenübernahmen, Leveraged Buy-outs sowie der Fusions- und Akquisitionsmanie ausgelöst wurden. Die *New York Times* bat mich, einen Artikel zu diesem Thema zu schreiben, wozu ich sofort bereit war.

Als der Artikel fertig war, hielten ihn die Redakteure der Zeitung bedauerlicherweise für zu pessimistisch. Ich hatte geschrieben, dass die Märkte sich in einer schon klassischen Hochstimmungsphase befänden, und erklärt, dass ein Zusammenbruch unvermeidlich sei, hatte aber wohlweislich jede zeitliche Präzisierung vermieden. Anfang 1987 veröffentlichte *The Atlantic* hocherfreut, was die *New York Times* abgelehnt hatte. (Die *New York Times* lenkte später ein und einigte sich mit der Redaktion von *The Atlantic* auf den Abdruck eines Interviews, das im Wesentlichen dasselbe zum Thema hatte.) Trotzdem war die Reaktion auf den Beitrag bis zum Börsenkrach am 19. Oktober jenes Jahres mager und ablehnend. „Galbraith mag es nicht, wenn jemand Geld macht", lautete eine der ätzenden Bemerkungen. Nach dem 19. Oktober erzählte mir jedoch fast jeder, den ich traf, er habe meinen Artikel gelesen und bewundert. Am Tag des großen Krachs riefen mich etwa 40 Journalisten und Fernsehmoderatoren von Tokio über die gesamten Vereinigten Staaten bis Paris und Mailand an und wollten meine Meinung hören. Es ist nun einmal so, dass der Kritiker auf Zustimmung oder gar Beifall bis nach dem Krach warten muss. Das gehört gewissermaßen zum Wesen der Euphorie und der davon betroffenen persönlichen Interessen.

Fassen wir zusammen: Die Euphorie wird durch das Wunschdenken derjenigen begünstigt und befördert, die nur damit beschäftigt sind, die Umstände zu rechtfertigen, durch die sie reich werden können. Und sie wird ebenso begünstigt durch die Neigung, alle Zweifler zu ignorieren, zu vertreiben oder zu verdammen.

Bevor ich mich den großen Spekulationen der Vergangenheit zuwende, möchte ich die Kräfte noch etwas genauer bestimmen, die die spekulative Episode auslösen, unterstützen oder auf andere Weise charakterisieren. Sobald sie auftreten, rufen sie immer aufs Neue Überraschung, Verwunderung und Jubel hervor. Wir werden sehen, wie sich all das in den Geschichten, die ich hier aufgezeichnet habe, wieder und wieder fast unverändert abspielt.

KAPITEL 2

Die gemeinsamen Nenner

In den folgenden Kapiteln beschäftige ich mich mit den großen spekulativen Phasen der letzten vier Jahrhunderte. Wie schon angedeutet, zeigen sich immer wieder gemeinsame Merkmale. Das ist von nicht geringer praktischer Bedeutung, denn sobald vernünftige Menschen oder Institutionen diese Merkmale erkennen, sind sie gewarnt – oder sollten es jedenfalls sein. Vielleicht nehmen einige sie tatsächlich ernst. Aber wie das vorige Kapitel zeigt, sind die Chancen nicht sehr groß, denn in eine Spekulationsphase gewissermaßen eingebaut ist die Euphorie, die Massenflucht aus der Wirklichkeit, die jede ernsthafte Auseinandersetzung mit dem wahren Wesen der realen Abläufe vereitelt.

Zu dieser Euphorie tragen zwei weitere Umstände bei, die in unserer Zeit und auch schön früher kaum beachtet wurden. Der erste ist das extrem kurzzeitige wirtschaftliche Gedächtnis. Finanzielle Pleiten werden nun einmal schnell vergessen. Außerdem werden gleiche oder weitgehend ähnliche Umstände, wenn sie sich manchmal schon nach wenigen Jahren erneut einstellen, von einer neuen, oft jungen und höchst selbstbewussten Generation allgemein als geniale Entdeckung in der Welt der

Finanzen und der Wirtschaft gepriesen. Es gibt nur wenige Bereiche menschlichen Handelns, in denen die Geschichte so wenig zählt wie in der Welt des Geldes. Erfahrungen der Vergangenheit werden, sofern sie überhaupt im Gedächtnis haften geblieben sind, als simple Ausflucht derjenigen abgetan, die nicht über die notwendige Einsicht verfügen, die unglaublichen Wunder der Gegenwart zu würdigen.

Der zweite Umstand, der zur spekulativen Euphorie und zum programmierten Kollaps beiträgt, ist die trügerische Vorstellung, Geld und Intelligenz müssten miteinander einhergehen. Aber wir müssen nun einmal feststellen, dass beide nichts miteinander zu tun haben. Diese schlichte Erkenntnis ist äußerst nützlich und darüber hinaus ein wertvoller Schutz vor persönlichen oder gesellschaftlichen Katastrophen.

Die Grundsituation ist erfreulich klar. Allen marktwirtschaftlichen (früher kapitalistisch genannten) Verhaltensweisen eigen ist die starke Neigung zu dem Glauben: Je mehr Geld jemand in Form von Einkommen oder Vermögen besitzt oder je mehr mit ihm in Verbindung gebracht wird, desto fundierter und zwingender sei sein wirtschaftliches und gesellschaftliches Verständnis, desto scharfsinniger und durchdringender sein Geist. Geld ist der Maßstab der kapitalistischen Leistung. Je mehr Geld, desto größer die Leistung und Intelligenz, die dahinterstecken.

In einer Welt, in der Gelderwerb für viele schwierig ist und die dabei herauskommenden Summen offensichtlich nicht den Ansprüchen genügen, erscheint der Besitz großer Geldmengen wie ein Wunder. Folglich besteht eine beharrliche Neigung, derartigen Besitz mit irgendwelchen besonderen Fähigkeiten in Verbindung zu bringen. Dieses Vorurteil wird dann noch verstärkt durch den Anschein von Selbstsicherheit und Selbstgefälligkeit, den sich Reiche im Allgemeinen geben. Auf keinem Gebiet wird die geistige Unterlegenheit des Durchschnittslaien so unverblümt und massiv angesprochen: „Sie verstehen von finanziellen Dingen offenbar nichts." In Wirklichkeit belegt eine solche Verbeugung vor dem Besitz von Geld nur die Kürze des Gedächtnisses und eine Unkenntnis der Geschichte. Und darin liegt der Grund für die schon erwähnte Tendenz zur Selbst- und Volksverdummung. Wie schon oft und immer noch kann der Besitz von Geld bedeuten, dass der Betreffende sich einfach nicht an gesetzliche Beschränkungen hält und möglicherweise ständig mit einem Bein im Gefängnis steht. Oder er hat das Geld geerbt, aber das geistige Format der Eltern hat sich unglücklicherweise nicht in ausreichendem Maß auf den Nachwuchs übertragen. In all diesen Fällen käme eine genauere Prüfung des vermeintlichen finanziellen Scharfsinns und der geistigen Fähigkeiten des Betreffenden wohl häufig und wahrscheinlich sogar in der Regel zu einem anderen Ergebnis. Leider stehen die betreffenden Personen für derlei Untersuchungen nur selten zur Verfügung; auch das verhindert in vielen Fällen der Reichtum oder ihre vorgebliche Sachkenntnis in finanziellen Dingen.

Schlussendlich verbinden wir ungewöhnliche Intelligenz automatisch mit der Leitung großer finanzieller Institutionen wie Geschäftsbanken, Investmentbanken, Versicherungen und Brokerfirmen. Je größer das verwaltete Anlagevermögen und der Ertragsfluss, desto mehr finanzieller, wirtschaftlicher und gesellschaftlicher Sachverstand wird unterstellt.

In Wirklichkeit stehen die Personen an der Spitze dieser Institutionen häufig deshalb dort, weil sie unter den Konkurrenten mental am berechenbarsten und daher in bürokratischer Hinsicht am wenigsten schädlich waren. Das kommt in großen

Organisationen immer wieder vor. Wurde so jemandem einmal die Macht übertragen, läuft zunächst alles von selbst. Die Machtposition fördert die Ergebenheit bei den Untergebenen und ruft Beifall bei den Anhängern hervor. Gegenteilige Meinungen oder Kritik werden unterdrückt. Obwohl diese Personen eine bedenkliche Neigung zum Irrtum haben, sind sie dennoch auf bewundernswerte Weise abgesichert.

Noch ein anderer Umstand aber ist am Werk. Denen, die Geld zu verleihen haben, wird durch die Macht der Gewohnheit, Tradition und vor allem der Bedürfnisse und Wünsche der Kreditnehmer im Alltag ein hohes Maß an Ehrerbietung entgegengebracht. Dies verwandelt sich beim Adressaten derartiger Empfindungen sogleich in die Gewissheit persönlicher geistiger Überlegenheit. Wenn ich so behandelt werde, muss ich ja klug sein. Und so gerät die Fähigkeit zur Selbstkritik, die beste Garantie für ein Minimum an gesundem Menschenverstand, in Gefahr.

Dies ist keine nur theoretische Überlegung. In den 1970er-Jahren waren es die größten New Yorker Banken und Bankiers, die ihre Erfolge bei der Wiederanlage der arabischen Erdöleinnahmen feierten, indem sie Lateinamerika, Afrika und Polen jene auf lange Sicht verhängnisvollen Kredite gewährten. Intellektuell fragwürdige Männer, die den Umgang mit riesigen Vermögen gewohnt waren, schaufelten über die lächerliche Penn Square Bank in Oklahoma City Geld in die ausgestreckten Hände der benachbarten Erdölregion. In Dallas und Houston finanzierten sie zahllose groß angelegte Erdöl- und Immobilienspekulationen, die als Pleiten endeten. Und in den 1980er-Jahren leiteten Leute dieses Schlages das furchtbare Bausparkassendebakel in den gesamten Vereinigten Staaten ein und schlugen Kapital daraus.

In den folgenden Kapiteln werden wir immer wieder sehen, wie das investitionswillige Publikum sich von „Finanzgenies“ faszinieren und einfangen lässt. Diese Faszination hängt offenbar mit der Größenordnung der finanziellen Transaktionen und dem Gefühl zusammen, dass bei so viel Geld die geistige Kapazität hinter derartigen Geschäften ja nicht weniger großartig sein kann.

Erst wenn die Spekulation platzt, kommt die Wahrheit ans Licht. Was für ungewöhnlichen Scharfsinn gehalten wurde, entpuppt sich lediglich als zufällige und unglückliche Liaison mit Vermögenswerten. Das Ergebnis für die auf diese Weise (aber immer auch durch eigene Schuld) Irregeführten war stets Schmach. Und die hatte die persönliche Schande oder den Rückzug in die Niederungen des Obskuren im Gefolge. Oder diese Personen endeten im Exil, begingen Selbstmord oder mussten eine zumindest in Maßen unbequeme Haft ertragen. Wir werden die Regel hier noch des Öfteren wiederholen: Finanzgenie ist man nur bis zum Bankrott.

Im Folgenden wende ich mich nun speziellen Merkmalen der euphorischen Spekulationsphasen zu.

In all diesen Perioden sind die Beteiligten von der fixen Idee beherrscht, dass es tatsächlich etwas völlig Neues auf der Welt gebe. Das können, wie wir sehen werden, sehr viele Dinge sein. Im 17. Jahrhundert waren es die Tulpen, die nach Europa kamen, worüber im nächsten Kapitel berichtet wird. Später waren es die scheinbaren Wunder der Aktien- oder Kapitalgesellschaft. In neuerer Zeit, in den Vereinigten Staaten vor dem großen Börsenkrach von 1987 (in dem viele etwas weit Schlimmeres, nämlich einen GAU sahen), war es die Anpassung der

Märkte an das gutgläubige Wunschbild Ronald Reagans vom freien Markt. Die Wirtschaft sollte endlich von der schwerfälligen Hand des Staates, von Steuern, Kartellvorschriften und anderen Bestimmungen befreit werden. Wie schon früher waren solche Visionen mit der Wiederentdeckung der Leverage verbunden, in diesem Fall mit dem Siegeszug der wundersamen hochriskanten Junkbonds, die den Tatendrang der neuen Generation der „Übernahmegeier" und Leveraged-Buy-out-Spezialisten beflügelten.

Bei sämtlichen Spekulationen spielt immer auch ein bisschen Stolz mit über die Entdeckung von scheinbar Neuem und besonders Lukrativem in Sachen Finanzierungsinstrumente oder Investitionsmöglichkeiten. Erfolgreiche Einzelpersonen oder Institutionen gelten als der Masse weit überlegen. Diese Auffassung erfährt ihre Bestätigung, wenn andere sich beeilen, die eigenen, frisch geweckten Wunschbilder ebenfalls zu verwirklichen. Das sich allgemein verbreitende Gefühl von etwas Neuem und Außergewöhnlichem tut dem Selbstbewusstsein der Beteiligten gut und es wird erwartet, dass es auch dem Konto guttut. Eine Zeit lang tut es das auch.

Was jedoch neue Finanzierungsinstrumente angeht, lehrt die Erfahrung eine eiserne Regel. Und bei kaum einer wirtschaftlichen Frage ist das Verständnis wichtiger, aber gleichzeitig häufig nur in einem begrenzten Umfang vorhanden. Die Regel besagt, dass sich Finanzgeschäfte nicht für Innovationen eignen. Was immer wieder neu entdeckt und gefeiert wird, ist ausnahmslos eine kleine Variante einer historisch längst widerlegten Idee. Dass sie dennoch stete Neuauflagen erfährt, verdankt sie dem bereits erwähnten finanziellen

Kurzzeitgedächtnis. In der Finanzwelt wird die Erfindung des Rades wieder und wieder bejubelt, auch wenn es dort oft weit weniger stabil ist. Jede finanzielle Neuerung erfordert in der einen oder anderen Form eine Verschuldung, die mehr oder weniger angemessen durch reale Vermögenswerte abgesichert ist. Das zeigte sich bereits bei einem der ersten scheinbaren Wunder: als nämlich die Banken entdeckten, dass sie Banknoten drucken und an Kreditnehmer in einem Umfang ausgeben konnten, der die Bestände an Bargeld in ihren Tresoren überstieg. Man glaubte oder hoffte, darauf bauen zu können, dass nicht alle Einleger auf einmal kommen und ihr Geld abheben würden. Den Kreditmengen, die so bei einem bestimmten Bestand an Bargeld geschaffen werden konnten, waren anscheinend keine Grenzen gesetzt. Eine wunderbare Sache. Die Grenzen wurden jedoch sichtbar, als einige beunruhigende Nachrichten, nicht zuletzt über das Ausmaß der Kredite, zu viele der ursprünglichen Einleger veranlassten, ihr Geld zur selben Zeit zurückzufordern. Allen späteren finanziellen Neuerungen lag ein ähnlicher Wildwuchs von Schulden zugrunde, dem wie beim ersten Modell kaum mehr gesicherte Vermögenswerte gegenüberstanden. Bei sämtlichen Krisen ging es um Schulden, die auf die eine oder andere Art gefährlich die vorhandenen Zahlungsmittel überstiegen.

Noch häufiger in der Wirtschaftsgeschichte ist es jedoch, dass nicht einmal ein Schein von Neuerung vorhanden ist. In den 1920er-Jahren wurden, wie wir noch sehen werden, große Holdinggesellschaften gegründet. Die Besitzer, also die Aktionäre, gaben Schuldverschreibungen und Vorzugsaktien aus, um damit andere Aktien zu kaufen. Als Letztere eine Zeit lang im Wert stiegen, fiel ihren Besitzern der gesamte Wertzuwachs zu.

Das wurde als eines der finanziellen Wunder jener Zeit gepriesen. In Wahrheit war es Leverage – bestenfalls in einem etwas anderen Gewand.

In den 1980er-Jahren, während der von vielen so genannten Fusions- und Übernahmepsychose, gaben Übernahmespekulanten und ihre Helfer, die Investmentbanken, in großem Stil Schuldverschreibungen zulasten jener Unternehmen aus, die sie aufkauften. Oder die so bedrohte Firmenleitung gab ihrerseits Schuldverschreibungen aus, um die Aktien des eigenen Unternehmens zu kaufen und zurückzukaufen und so die Kontrolle zu behalten. Es war erneut eine Zeit vermeintlicher Neuerungen und Wagnisse. In Wirklichkeit war es wieder nur das neuerliche Auftreten der Leverage, nicht einmal die Terminologie war neu.

Die so ausgegebenen Schuldverschreibungen brachten, wie vielleicht hinzugefügt werden sollte, hohe Zinsen, die als Ausgleich für das eingegangene hohe Risiko gedacht waren. Eine Zeit lang galt auch dies als bedeutende Neuentdeckung, obwohl diese Finanzierungsinstrumente mit einem (zumindest für englische Ohren) eher abschreckenden Namen bedacht wurden, nämlich Junkbonds (was allgemein mit Schrottanleihen übersetzt wird). Michael Milken von der Investmentgesellschaft Drexel Burnham Lambert, unerreicht im Auflegen von Junkbonds, wurde als Finanzgenie gefeiert. Sein Einkommen von 550 Millionen Dollar im Jahr 1987 wurde für einen so ideenreichen Mann, der das Format eines Edison zu haben schien, als durchaus angemessen betrachtet. Milkens Fähigkeiten und sein enormer Eifer als Verkäufer, in der Sprache des Zeitgeistes manchmal auch Promoter genannt, sollen nicht infrage gestellt werden. Doch die Entdeckung, dass mit einem hohen Risiko behaftete, durch eingeschränkte Vermögenswerte abgesicherte Anleihen einen höheren Zins abwerfen sollten, kann man als neue Idee nicht gerade mit der Erfindung des elektrischen Lichts gleichsetzen. Es handelt sich wieder einmal um die Neuentdeckung des Rades, diesmal aber einer ganz besonders dürftigen Version.

Letztes und gemeinsames Merkmal des spekulativen Vorgangs – ob auf dem Wertpapiermarkt, bei Immobilien, in der Kunst oder bei Junkbonds – ist das Geschehen nach dem unvermeidlichen Zusammenbruch. Es ist zwangsläufig eine Zeit der Wut und Beschuldigungen, aber auch einer höchst groben Selbstprüfung. Die Wut richtet sich gegen die Personen, die zuvor wegen ihres finanziellen Genies und Scharfsinns am meisten bewundert wurden. Einige von ihnen haben in der Überzeugung, von kleinlicher Befolgung der Gesetze befreit zu sein, diese Gesetze übertreten. Ich habe es schon erwähnt. Ihr Sturz und gelegentlich auch ihr Gang ins Gefängnis werden nun mit tief empfundener Befriedigung zur Kenntnis genommen.

Ebenfalls kritisch ins Gericht wird man jetzt mit den zuvor viel gepriesenen Finanzierungsinstrumenten und -praktiken gehen – Papiergeld; unverständliche Wertpapieremissionen; Insidergeschäfte; Kursmanipulationen und, in neuerer Zeit, Programm- und Indexhandel –, die die Spekulation erleichtert und finanziert haben. Man wird Regulierungen und Reformen in Erwägung ziehen. Nicht reden wird man dagegen über die Spekulation selbst oder den abwegigen Optimismus, der ihr zugrunde lag. Es ist immer wieder frappierend: Nach einer Spekulation wird die Wirklichkeit fast vollkommen ausgeblendet.

Dafür gibt es zwei Gründe. Erstens sind viele Personen und Institutionen beteiligt gewesen und während es noch angeht, einem einzelnen oder auch einem Unternehmen Fehler, Leichtgläubigkeit und Exzesse anzulasten, kann man das bei einer ganzen Gemeinschaft offenbar nicht – und bei der gesamten Finanzwelt schon gar nicht. Weitverbreitete Naivität, ja Dummheit sind sichtbar geworden; das auszusprechen läuft jedoch entschieden der schon erwähnten Annahme zuwider, dass Intelligenz und Geld auf das Innigste zusammenhängen. Die Finanzwelt muss geistig einfach über derartige Dummheiten erhaben sein.

Der zweite Grund, warum die Spekulationshaltung und -manie von jeder Schuld freigesprochen werden, ist pseudoreligiöser Art. Nach der anerkannten Lehre und dem Verhaltenskanon der freien Marktwirtschaft ist der Markt ein neutrales und genaues Abbild äußerer Einflüsse; angeblich unterliegt er keiner systemimmanenten, inneren Fehlerdynamik. So der klassische Glaube. Man muss für den Zusammenbruch also einen passenden Grund finden – und sei er noch so weit hergeholt. Man sucht dann nach einer marktexternen Ursache oder einem Missbrauch des Marktes, der seine Funktionsweise außer Kraft gesetzt hat.

Dies ist wieder keine Frage bloßer Theorie. Es geht vielmehr um ganz praktische Folgen und diese sind, wie wir sehen werden, gerade in unserer Zeit besonders deutlich und wichtig. Dass die Monate und Jahre vor dem Börsenkrach von 1987 von einer ausgeprägten Spekulationseuphorie geprägt waren, wird kaum jemand ernsthaft in Abrede stellen. Aber in der Zeit nach dem Crash maß man diesem Tatbestand eine geringe oder gar keine Bedeutung bei. Stattdessen wurde das amerikanische Haushaltsdefizit zum entscheidenden Faktor ernannt. Die Flucht aus der Wirklichkeit setzte sich fort in den Analysen der New Yorker Börse, der US-Börsenaufsichtsbehörde und einer Sonderkommission des amerikanischen Präsidenten, die ohne Ausnahme die übersteigerte Spekulation als Ursache übergingen oder bagatellisierten. Der Markt ist in unserer Zivilisation eine heilige Kuh; ihm kann keine innere abträgliche Tendenz oder ein Fehler zugeschrieben werden.

Es gibt Grund genug, sich einfach zum Vergnügen für die Geschichte der spekulativen Auswüchse und ihrer Auswirkungen zu interessieren. Man ergötzt sich am Schauspiel eines Massenwahns, vor allem mit sicherem Abstand. Es entsteht das schöne Gefühl, selbst über Weitblick zu verfügen, wenn man das unausweichliche Ende all dieser Ereignisse sehen kann. Aber es hat auch einen äußerst praktischen Nutzen, sich damit zu beschäftigen. Man stellt fest, mit welcher Zuverlässigkeit die oben angesprochenen gemeinsamen Merkmale wiederkehren. Wenn man sieht, dass sich die ersten Symptome wie erwartet zeigen, haben wir die Chance, gefährdete Personen zu warnen – eine geringe Chance freilich angesichts der Sogwirkung der finanziellen Euphorie. Aus diesem Grund wende ich mich nun den großen spekulativen Vorgängen der Vergangenheit und ihren gemeinsamen Merkmalen zu.

KAPITEL 3

Die klassischen Fälle I: Der Tulpenschwindel, John Law und die Banque Royale

„Spekulationen mögen unschädlich sein wie Luftblasen auf einem steten Strom der Unternehmungslust. Aber die Lage wird ernst, wenn die Unternehmungslust zur Luftblase in einem Strudel der Spekulation wird.“

John Maynard Keynes
„Allgemeine Theorie“

Daran, dass auch schon zur Zeit der Florentiner und Venezianer spekuliert wurde, kann niemand zweifeln. Fernand Braudel, französischer Wirtschaftshistoriker und Experte auf diesem Gebiet, hat festgestellt, dass es in Genua, Florenz und Venedig schon im 14. Jahrhundert Wertpapiermärkte gab. Und schon lange vorher wurde mit Münzen und Waren gehandelt, wobei Kauf und Verkauf mit größter Wahrscheinlichkeit nicht auf dem gegenwärtigen, sondern einem angenommenen zukünftigen Wert beruhten.

Der erste moderne Aktienmarkt – modern vor allem, was das Handelsvolumen angeht – entstand jedoch erst zu Beginn des 17. Jahrhunderts in Amsterdam. Und in ebendiesem bodenständigen Holland mit seinem weiten Horizont und den standhaften, ernsten Menschen ereignete sich in den 30er-Jahren des 17. Jahrhunderts der erste große spekulative Ausbruch der Geschichte. Bis zum heutigen Tag gehört er zu den bemerkenswertesten. Die Spekulation entzündete sich jedoch nicht an Wertpapieren oder Ländereien, auch nicht, wie man vielleicht vermuten könnte, an den großartigen Werken der holländischen Malerei, sondern an Tulpenzwiebeln und ist seit fast 400 Jahren unter dem Namen *Tulpenschwindel* bekannt.

Die Tulpe, *Tulipa* aus der Familie der Liliaceae mit etwa 160 Arten, wächst in den östlichen Mittelmeerländern und östlich davon wild. Die Blumenzwiebeln gelangten im 16. Jahrhundert erstmals nach Westeuropa. Eine Ladung davon, die 1562 aus Konstantinopel in Antwerpen eintraf, soll für die Verbreitung des Wissens über die Blume und ihre Beliebtheit von besonderer Bedeutung gewesen sein. Diese Beliebtheit erreichte mit der Zeit enorme Ausmaße und sowohl Besitz als auch Zucht der Pflanze verliehen bald außergewöhnliches Ansehen.

Die Spekulation setzt nach allgemeiner Auffassung ein, wenn sich die Fantasie der Öffentlichkeit an etwas scheinbar Neuem im Bereich des Handels oder der Finanzen entzündet. Die schöne, in vielen Farben blühende Tulpe war eines der ersten Objekte, das diese Voraussetzung erfüllte. Und bis auf den heutigen Tag bleibt sie eines der ungewöhnlichsten unter diesen Objekten. Nichts Ausgefalleneres hat je so gut zu der Art Massentäuschung beigetragen, die wir hier untersuchen.

Das Interesse konzentrierte sich bald auf den Besitz und die Zurschaustellung der ausgefalleneren Pflanzen. Und die Wertschätzung der exotischen Exemplare wich rasch einer noch größeren Wertschätzung für den Anstieg der Preise, den ihre Schönheit und Knappheit geboten. Aus diesem Grund wurden die Zwiebeln nun gekauft und um die Mitte der 30er-Jahre des 17. Jahrhunderts schien der Preisauftrieb alle Dämme zu brechen.

Ganz Holland wurde von einem Investitionsrausch befallen. Kein Mensch, der sich für auch nur halbwegs bei Verstand hielt, meinte, hier fehlen zu dürfen. Die Preise waren exorbitant; um 1636 konnte eine Zwiebel, die vorher keinen erkennbaren Wert besessen hatte, für „einen neuen Wagen, zwei graue Pferde und ein komplettes Geschirr“ getauscht werden.

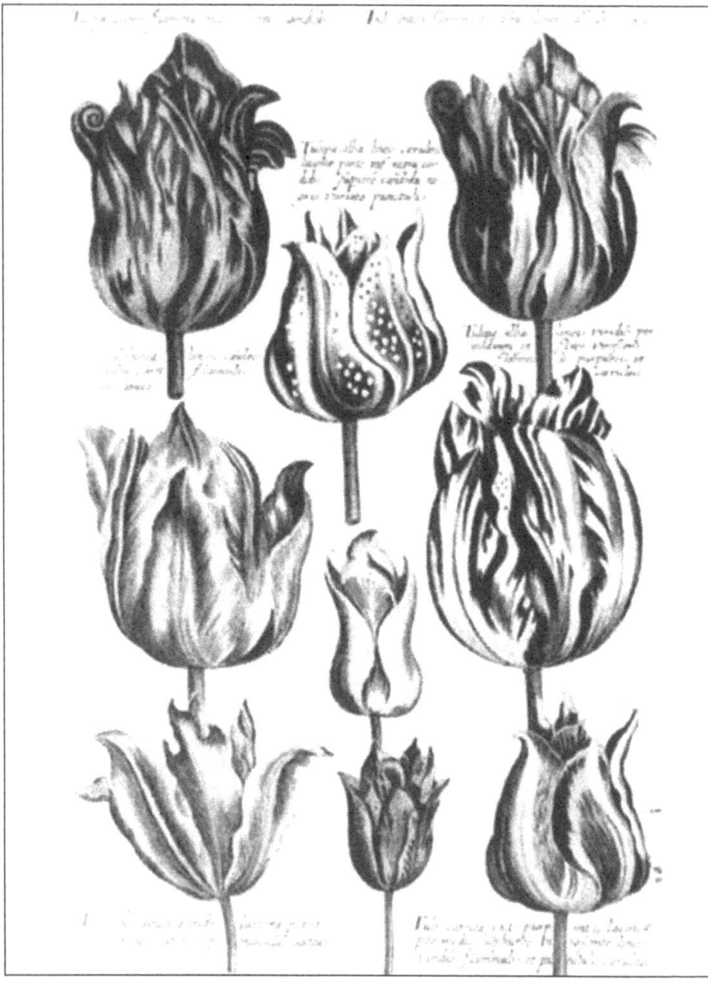

Als Johann Theodore de Bry im Jahr 1611 für ein botanisches Werk über neue Pflanzen mit dem Titel „Florilegium Novum“ diesen Kupferstich anfertigte, ahnte er wohl kaum, dass so manche Zwiebel nicht einmal 20 Jahre später umgerechnet 25.000 bis 50.000 Dollar wert sein würde.

Die Spekulation uferte mehr und mehr aus. Eine Zwiebel konnte inzwischen mehrere Male den Besitzer wechseln und dabei einen jeweils höheren Preis und entsprechenden Gewinn erzielen, obwohl sie noch unsichtbar in der Erde schlummerte. Und natürlich gab es auch einige absonderliche Zwischenfälle. Mit einer gewissen Schadenfreude berichtete Charles Mackay in „Extraordinary Popular Delusions and the Madness of Crowds", seinem klassischen Buch über Spekulation (und andere Abweichungen von der Vernunft), von einer Geschichte, die Blainville als Erster in seinen „Travels" erwähnte. Es ging dabei um einen jungen Seemann, der die Nachricht von einer Wagenladung Tulpenzwiebeln aus der Levante überbrachte und dafür von einem Kaufmann mit einem schmackhaften Hering für sein Frühstück belohnt wurde. Kurz darauf vermisste der Kaufmann, der massiv mit Tulpenzwiebeln spekulierte, die Zwiebel einer *Semper augustus*, die etwa 3.000 Gulden wert war, nach heutiger Rechnung unvorstellbare 50.000 bis 100.000 Euro. Er suchte nach dem Seemann, um ihn zu befragen, und fand ihn, wie er zufrieden zum Fisch die Zwiebel verspeiste, für die er sie gehalten hatte.

In einem besonders einprägsamen Kapitel berichtet Mackay über die Stimmung während der Spekulationswelle im Land:

> „Die Nachfrage nach seltenen Tulpensorten stieg im Jahr 1636 so sehr an, dass an den Börsen von Amsterdam, Rotterdam, Haarlem, Leiden, Alkmaar, Hoorn und anderen Städten mit ihnen gehandelt wurde wie mit Aktien. Dieser Handel hatte anfangs durchaus glücksspielartige Züge. Die Börsenmakler, stets interessiert an neuen Spekulationsobjekten, stiegen voll ins Tulpengeschäft ein und bedienten sich dabei

aller bekannten Tricks, um Kursschwankungen zu erzeugen. Wie immer bei neuen Glücksspielen herrschte am Anfang große Zuversicht und alle machten Gewinn. Die Tulpenmakler spekulierten auf steigende und auf fallende Tulpen-‚Aktien' und erzielten hohe Profite, indem sie bei fallenden Preisen kauften und bei steigenden wieder verkauften. Viele wurden schlagartig reich. Ein goldener Köder schien verführerisch im Raum zu hängen und einer nach dem anderen drängte zur Tulpenbörse – wie Fliegen zum Honigtopf.

Alle waren überzeugt, dass die Tulpenkonjunktur ewig anhalten würde, dass die Wohlhabenden in allen Teilen der Welt in Holland Tulpen ordern und jeden gewünschten Preis dafür zahlen würden. Die Reichtümer Europas würden sich an den Gestaden der Zuidersee konzentrieren und Armut jeglicher Art aus Holland, diesem gesegneten Stück Erde, verschwinden. Adlige, Bürger, Bauern, Handwerker, Seeleute, Lakaien, Dienstmädchen, selbst Schornsteinfeger und alte Flickschneiderinnen handelten mit Tulpen. Alle machten ihre Vermögenswerte zu Geld, um Investitionskapital zu haben. Häuser und Landbesitz wurden zu ruinös niedrigen Preisen zum Verkauf angeboten oder bei Geschäften an der Tulpenbörse zur Zahlung abgetreten. Auch Ausländer wurden von diesem Wahnsinn mitgerissen. Aus allen Himmelsrichtungen floss Geld nach Holland. Allmählich begannen die Preise für lebensnotwendige Güter wieder zu steigen: Häuser, Grund und Boden, Pferde, Fuhrwerke, auch Luxusgüter gewannen an Wert und für einige Monate erschien Holland tatsächlich wie das Vorzimmer des Plutus.

> Der Tulpenhandel weitete sich dermaßen aus und wurde so komplex, dass man es für nötig hielt, ein Gesetz zum Schutz der Händler auszuarbeiten. Notare, Sekretäre und Schreiber wurden angestellt, die sich ausschließlich mit dieser Art von Geschäften befassten. In manchen Städten waren Notare bis dahin kaum bekannt; jetzt gab es immerhin Tulpennotare. In kleineren Städten, wo es keine Börsen gab, wurde die zentral gelegenste Gastwirtschaft zum Schauplatz, wo Menschen aller sozialen Schichten mit Tulpen handelten und diese Betätigung oft mit üppigen Gelagen begleiteten. Solchen Tafeleien wohnten bisweilen 200 oder 300 Personen bei, zu deren Ergötzen riesige Vasen mit Tulpen in voller Blüte auf den Tischen und Kredenzen standen, die in regelmäßigen Abständen während des Mahles ausgetauscht wurden."

Es war herrlich. Noch nie waren die Holländer in ihrer Geschichte so offenkundig begünstigt worden. Nach den unveränderlichen Regeln, denen solche Ereignisse gehorchen, veranlasste jeder Preisaufschwung weitere Spekulanten zum Einstieg. Das befeuerte wiederum die Hoffnungen der bereits Beteiligten und ebnete den Weg für noch größere Transaktionen und Auftriebstendenzen und sorgte so für immer mehr und immer weiteren Reichtum. Man lieh sich Geld, um kaufen zu können; die kleinen Tulpenzwiebeln waren der Anlass für große Kredite.

1637 kam das Ende. Alles lief nach den ehernen Regeln ab. Die Klugen und die Ängstlichen fingen zu verkaufen an, kein Mensch weiß, aus welchem Grund. Andere sahen sie aussteigen, der Ausstieg führte zu Panikverkäufen und die Preise stürzten ins Bodenlose. Diejenigen, die gekauft hatten, viele durch

Verpfänden von Eigentum für einen Kredit – hier wieder die Leverage –, hatten plötzlich nichts mehr oder waren bankrott. „Gestandene Kaufleute kamen beinahe an den Bettelstab und so mancher Vertreter eines herrschaftlichen Hauses sah seine Reichtümer unwiederbringlich dahinschwinden", wie Mackay schreibt.

Die anschließende Verbitterung, die Beschuldigungen und die Suche nach Sündenböcken – alles ganz normal – waren extrem, genauso extrem wie das Totschweigen der Massenhysterie als der eigentlichen Ursache. Diejenigen, die sich verpflichtet hatten, zu den enorm überhöhten Preisen zu kaufen, wurden in Scharen zahlungsunfähig. Aufgebrachte Verkäufer versuchten ihre Rechte aus den Verkaufsverträgen geltend zu machen; die Gerichte, die all das als spekulative Transaktionen einstuften, waren nicht behilflich. Ähnlich wie bei den Pleiten der US-amerikanischen Banken und Bausparkassen der jüngsten Zeit erwies sich damals der Staat als letzte Zuflucht. Doch das einzige Mittel wäre gewesen, die Preise für die Tulpenzwiebeln auf das Niveau der Zeit vor dem Zusammenbruch zu senken, was aber offensichtlich nicht durchzusetzen war, und so standen die noch vor Kurzem so Reichen jetzt mit ihren Verlusten da.

Aber auch im Unglück waren sie nicht allein. Der Zusammenbruch der Tulpenpreise und die sich daraus ergebende Verarmung wirkten sich in den darauffolgenden Jahren lähmend auf das wirtschaftliche Leben in Holland aus – es kam, um es modern auszudrücken, zu einer spürbaren Depression. Ein versöhnliches Ergebnis gab es allerdings: Die Tulpenzucht fasste in Holland Fuß und es entwickelten sich große Märkte für Blumen und Blumenzwiebeln. Wer jemals im Frühling die Tulpenfelder dieses stillen und beschaulichen Landes gesehen hat, hat für immer das Gefühl, dass der Tulpenschwindel doch ein Vorbote der wahren Anmut der Natur war.

Was uns bei der Geschichte vom Tulpenschwindel, dessen Muster sich bei allen großen Spekulationen wiederfindet, nicht bekannt ist, sind die Namen der Hauptakteure. Bei der folgenden klassischen Episode haben wir mehr Glück; dort steht eine der Hauptfiguren der Finanzgeschichte im Mittelpunkt, der Schotte John Law.

Doch selbst im Fall von John Law ist ein mahnendes Wort geboten. Ich habe schon mehrfach darauf hingewiesen, dass alle sogenannten finanziellen Neuerungen mit äußerster Vorsicht zu genießen sind. Diese vermeintlichen Neuerungen sind lediglich die Abwandlung irgendeines älteren Projekts, die nur dem zu kurzen und mangelhaften Gedächtnis der Finanzwelt neu erscheinen. Niemand wurde im Lauf der Jahrhunderte begeisterter gefeiert als John Law. Die „Encyclopedia Britannica" schreibt über ihn, er sei nicht nur ein Ehrenmann, sondern auch ein Finanzgenie gewesen. Doch auch in seinem Fall sind Zweifel angebracht.

John Laws Plan, Frankreichs Schulden durch den Verkauf von Anteilen am nicht vorhandenen Goldreichtum von Louisiana zu bezahlen, endete im Ruin.

Law wurde 1671 in die Welt des Geldes hineingeboren. Sein Vater, ein Goldschmied aus Edinburgh, hatte, wie in diesem Gewerbe üblich, auch mit dem Verwahren und Verleihen von Geld zu tun. Schon in jungen Jahren kam Law nach London, wo er nicht nur ein höchst verschwenderisches Leben führte, sondern sich offenbar auch mit Fragen des Bankwesens und des Geldes beschäftigte. Diese Ausbildung fand jedoch 1694 ein jähes Ende, als er auf einem Feld, das an das Zentrum Londons grenzte und dem heutigen Bloomsbury entspricht, übermäßigen Erfolg bei einem Duell hatte. Weil er seinen Widersacher mit einem Schwert „aufspießte", wurde er festgenommen und kam unter Mordanklage ins Gefängnis. Nach längerem Hin und Her machte er dem Fall durch die Flucht aus dem Gefängnis ein Ende, wobei, wie man annimmt, offiziell ein Auge zugedrückt wurde. Er setzte sich auf das europäische Festland ab, wo er seinen Lebensunterhalt in den darauffolgenden Jahren anscheinend als sehr findiger Glücksspieler bestritt. Seine Gewinne, so heißt es, gingen darauf zurück, dass er die Chancen bei einem bestimmten Würfelspiel berechnete – wofür er heute Saalverbot bekäme.

In den Niederlanden beobachtete er unter anderem die Transaktionen der großen und erfolgreichen Bank von Amsterdam und befasste sich mit dem Bankwesen sowie der Möglichkeit einer Bodenkreditbank, die Grundbesitz erwerben und Papiergeld als Kredite ausgeben sollte, das durch Grund und Boden abgesichert war. Wie der Boden allerdings von den Kreditnehmern abgelöst werden sollte, blieb unklar. Für seinen weiteren beruflichen Lebensweg in Paris war dieser Gedanke jedoch wichtig. Er traf 1716 in Paris ein, nachdem er noch einen kurzen Abstecher nach Schottland gemacht hatte, wo er seine Pläne zunächst verwirklichen wollte. Sie wurden aber dort entschieden und – daran ist nicht zu zweifeln – klugerweise abgelehnt.

Paris war aufgeschlossener oder hatte, um es auf den Punkt zu bringen, weniger Glück. Der Augenblick war günstig. Ludwig XIV. war im Jahr zuvor gestorben und hatte zwei Vermächtnisse hinterlassen, die sich für Law als bedeutsam erweisen sollten. Erstens die Regentschaft von Herzog Philipp II. von Orlèans (ein Mann, der einen nicht weiter nennenswerten Verstand mit ausgeprägter Zügellosigkeit vereinte) für den jungen Ludwig XV. Zweitens eine bankrotte Staatskasse und eine hohe Verschuldung, was auf die ständigen Kriege und persönlichen Extravaganzen des Sonnenkönigs zurückging, aber auch auf die ausgeprägte Korruption unter den Steuerpächtern, die die Einkünfte einzutreiben hatten. Beide Umstände nutzte Law.

Am 2. Mai 1716 erhielt er das Recht zur Gründung einer Bank mit einem Kapital von sechs Millionen Livre, aus der schließlich die Banque Royale hervorging. Dazu gehörte auch die Genehmigung, Papiergeld herauszugeben, mit dem die Bank dann laufende Staatsausgaben beglich und alte Staatsschulden übernahm. Das Papiergeld, das auf Wunsch grundsätzlich in Edelmetall eingelöst wurde, wurde gut angenommen. Daraufhin gab man weiteres aus.

Was man brauchte, war offensichtlich eine Quelle für Bareinnahmen, die Erträge zur Absicherung des ausgegebenen Papiergeldes abwarf. Sie entstand auf dem Papier mit der Gründung der Mississippi Company (der Compagnie d'Occident) – später die Compagnie des Indes, die mehr Handelsprivilegien besaß –, um an die Goldvorkommen heranzukommen, die man in den Weiten des nordamerikanischen Louisiana vermutete. Für die Existenz des Goldes gab es keinerlei Beweise, doch dies war, wie stets bei derartigen Ereignissen, nicht die Zeit der Zweifler und Zauderer. Man bot öffentlich Unternehmensanteile an. Das Echo war überwältigend. Die alte Börse in der Rue Quincampoix wurde zum Schauplatz der wildesten Transaktionen in der Geschichte der Geldgier. Sie verliefen zum Teil sogar handgreiflich. Man verlegte die Käufe und Verkäufe schließlich zur geräumigeren Place Vendôme und in die Umgebung des Hôtel de Soissons. Einige weibliche Interessenten waren so fest zum Kauf entschlossen, dass sie sich – eine interessante neuzeitliche Variante – selbst für das Recht anboten, Anteile zu erwerben. In den 80er-Jahren des 20. Jahrhunderts sollen in einer leichten Abwandlung einige anfällige Klienten von Michael Milken und Drexel Burnham Lambert, die an den jährlich stattfindenden sogenannten Räuberbällen im Beverly Hills Hotel teilnahmen, die Aufmerksamkeit von dem Anlass entsprechend respektabel auftretenden Prostituierten genossen haben. Das sollte wohl zum Kauf von Junkbonds animieren, von denen viele ähnlich aussichtsreich waren wie die Anteile an der Compagnie d'Occident.

Der Verkaufserlös aus den Aktien der Mississippi Company floss nicht etwa in die Suche nach dem noch nicht entdeckten Gold, sondern an den Staat, um dessen Schulden zu begleichen. Die Banknoten, die zur Schuldentilgung ausgegeben wurden, kamen zum Ankauf weiterer Aktien zurück. Daraufhin wurden weitere Aktien ausgegeben, um die große Nachfrage zu befriedigen. So wurden sowohl die alten wie die neuen Emissionen in immer schwindelerregendere Höhen getrieben. Sämtliche Banknoten in diesem buchstäblichen Kreislauf waren, so wurde angenommen, durch Edelmetallbestände bei der Banque Royale gedeckt. Doch dieser Bestand, der das Papiergeld deckte, stellte schon bald nur noch einen Bruchteil des umlaufenden Papiergeldes dar. Das war Leverage auf eine besonders wundersame Art.

1720 kam das Ende. Die Leverage schlug drastisch um, wie man es noch bei hundert ähnlichen großen und kleinen Fällen in den nächsten 250 Jahren erleben sollte. Der Auslöser war, wie es hieß, die Entscheidung des Prinzen de Conti, der verärgert war, weil er keine Aktien kaufen konnte, und seine Banknoten bei der Banque Royale in Gold einlösen wollte. Einem höchst unglaubwürdigen Bericht zufolge brauchte man drei Wagen, um ihm das Edelmetall zuzustellen, doch der Regent schritt auf Drängen von Law ein und befahl dem Prinzen, das Gold zurückzuschicken. Inzwischen waren auch andere auf den Gedanken gekommen, dass Gold vielleicht doch besser als Banknoten sein könnte. Um das Vertrauen wiederherzustellen und den Banknotenbesitzern und Investoren zu signalisieren, dass eine ansehnliche Menge des Edelmetalls ins Haus stünde, wurde ein Heer Pariser Bettler aufgeboten, die mit Schaufeln ausgestattet durch die Straßen von Paris zogen, als wären sie unterwegs nach Louisiana, um das Gold abzubauen. Es herrschte jedoch leichte Irritation, als man viele von ihnen nach einigen Wochen wieder an ihren Stammplätzen sitzen sah. Wie auch immer, es setzte ein Sturm auf die Bank ein – die Kunden wollten ihre Banknoten nicht in Aktien der Mississippi Company umtauschen, sondern in Gold. An einem Tag im Juli des Jahres 1720 kamen in dem Gedränge vor der Banque Royale 15 Menschen ums Leben. Die Banknoten wurden für nicht mehr konvertierbar erklärt. Die Kurse, und nicht nur die der Mississippi-Aktien, brachen ein. Bürger, die noch vor einer Woche Millionäre gewesen waren – ein unverzichtbarer Begriff, der aus jenen Jahren auf uns gekommen ist –, waren plötzlich mittellos.

Dann brach der vorhersehbare Zorn aus, die Suche nach der Person oder Einrichtung, der man die Schuld in die Schuhe schieben konnte. Man brauchte nicht lange zu suchen. In den vorangegangenen Monaten hatte ein dankbarer Herrscher den Ausländer, Spieler und entflohenen Mörder John Law auf den höchsten öffentlichen Posten im Königreich gesetzt, wo er tatsächlich einige sinnvolle Wirtschafts- und Steuerreformen durchgeführt hatte: Ungenutztes Land der Kirche wurde den Bauern übergeben, lokale Abgaben wurden abgeschafft und Zölle gesenkt. Law war außerdem Generalkontrolleur der französischen Finanzen und Herzog von Arkansas geworden, ein Titel, von dem man sich wünscht, er hätte sich gehalten. Jetzt wurde John Law Ziel der übelsten Verwünschungen. Unter dem Schutz des Regenten verließ er Frankreich und lebte vier Jahre in England, wo man von der Anklage wegen Mordes gegen ihn absah. Dann ging er nach Venedig, wo er in der ihm noch verbleibenden Zeit nach den Worten des Herzogs von Saint-Simon „in Armut ein stilles und rechtschaffenes Leben führte, daselbst als Katholik starb, nachdem er gottesfürchtig die Sakramente der Kirche empfangen hatte".

Auch hier sind wieder die immer gleichen Merkmale der Spekulation zu beobachten. Solange die Banque Royale als reich galt, war Law ein Genie – wie gehabt: Intelligenz, abgeleitet aus der Assoziation mit Geld. Als der Reichtum schwand, wurde Law zum gnadenlos geschmähten Flüchtling. Dass Law ein gewinnendes Selbstbewusstsein besaß, scheint sicher, was ihm beim Regenten wie auch der Pariser Öffentlichkeit half. Dass das, was er machte, jedoch besonders originell oder auch nur ansatzweise vernünftig war, ist ernsthaft zu bezweifeln. Geniale Menschen ruinieren nicht sich und so viele andere und beschwören kein so übles Ende herauf.

In der Folgezeit lag, wie in Holland nach den Tulpen, die französische Wirtschaft am Boden und das wirtschaftliche und finanzielle Leben war allgemein durcheinander – wobei „eine kleine Minderheit durch den völligen Ruin der gesamten übrigen Bevölkerung bereichert wurde“, wie Saint-Simon es etwas überspitzt ausdrückt. Aber wie schon in Holland und wie in unserer gesamten Untersuchung wurde die Schuld nicht der Spekulation und den übertölpelten Beteiligten gegeben. Wie bereits erwähnt wurden John Law und seine Banque Royale verantwortlich gemacht und ein ganzes Jahrhundert lang betrachtete man Banken in Frankreich mit Argwohn. Diejenigen, die Verstand und Geld verloren und kräftig mitspekuliert hatten, nahmen sich von jedem Tadel aus.

KAPITEL 4

Die klassischen Fälle II: Der Südsee-schwindel

Als die große Spekulation 1720 in Paris ihren unerwarteten, aber dennoch durchaus vorhersehbaren Gipfel erreichte, erlebte die Spekulation auch in London einen Höhepunkt. Grassierender Schwachsinn, der aus Optimismus und sich selbst bestätigender Täuschung erwuchs, war das Schicksal beider Städte. Wie wohl zu erwarten mangelte es sowohl den britischen Spekulanten als auch dem Ereignis selbst an französischem Stil. Es war ein vergleichsweise normaler, wenn auch ungewöhnlich heftiger Boom und Zusammenbruch der Wertpapierkurse, verstärkt durch eine intensiv betriebene, offizielle aktive und passive Korruption und Rechtsverdreherei.

Die Entdeckung, oder wie stets und exakter die Wiederentdeckung, die den Boom rechtfertigte, war die der Aktiengesellschaft. Solche Aktiengesellschaften hatte es in England schon hundert und mehr Jahre zuvor gegeben; trotzdem tauchten sie nun unverhofft als die neuen Wunder der Finanz- und Wirtschaftswelt auf.

In den ersten Jahren des 18. Jahrhunderts hatte es einige bemerkenswert fantasievolle Aktienauflagen oder -angebote gegeben – ein Unternehmen, das eine Schreibmaschine bauen und vermarkten wollte, ein Vorhaben, das seiner Zeit weit voraus war; ein Projekt für ein raffiniertes Maschinengewehr, das runde und rechteckige Munition verschießen konnte, je nachdem, ob der Feind ein Christ oder Muselman war; ein Entwurf für ein mechanisches Klavier. „Ich kann die Bewegungen von Körpern messen", sagte Sir Isaac Newton einmal, „aber die menschliche Dummheit kann ich nicht messen." Das konnte er bei der eigenen aber offenbar auch nicht. Er sollte nämlich bei der bevorstehenden Spekulationsorgie 20.000 Pfund verlieren, was heute einer Million US-Dollar oder mehr entspricht.

Die South Sea Company entstand auf Betreiben oder genauer vielleicht auf Anregung von Robert Harley, Graf von Oxford, dem in den ersten Jahren des Unternehmens ein gelernter Schreiber namens John Blunt zur Seite stand, der sich auf das Abschreiben gerichtlicher Urkunden verstand, aber offensichtlich auch darauf, seine Schlüsse daraus zu ziehen.

Robert Harley, Earl of Oxford, war an der Gründung der unglückseligen South Sea Company beteiligt.

Die Anfänge der South Sea Company erinnerten an die der Banque Royale und der Mississippi Company. Sie bot eine ähnliche und zweifellos willkommene Scheinlösung des Problems der schwebenden und drängenden Staatsverschuldung, die, wie im Fall Frankreichs, in den vorausgegangenen Jahren des Spanischen Erbfolgekrieges aufgelaufen war. Als Gegenleistung für die Gründungsgenehmigung übernahm die South Sea Company diese Staatsschulden und konsolidierte sie. Der Staat

Diese Landkarte des Kartografen Herman Moll wurde von der South Sea Company in Auftrag gegeben. Angeblich war das gesamte dargestellte Gebiet – mit Ausnahme von Brasilien – Handelsterritorium der Gesellschaft. Dabei wurde die Tatsache ignoriert, dass Spanien dieses Gebiet für sich beanspruchte.

zahlte ihr sechs Prozent Zinsen und räumte ihr das Recht ein, Anteilscheine auszugeben und „ab dem 1. August 1711 allein den Handel und Verkehr nach, in und von den Königreichen, Ländern et cetera von Amerika, auf der Ostseite des Aranoca bis zum südlichsten Teil der Terra del Fuego“ zu betreiben. Hinzu kam der gesamte Handel auf der Westseite Nord- und Südamerikas und „nach, in und aus allen Ländern in denselben Grenzen, die angeblich der spanischen Krone gehören oder künftig entdeckt werden“.

Geflissentlich übersehen wurde die Tatsache, dass Spanien für sich das alleinige Recht auf allen Handel und Wandel mit diesem großen Gebiet beanspruchte, wenngleich eine schwache Hoffnung bestand, dass Großbritannien bei den bereits laufenden Vertragsverhandlungen Zugang zu den sagenhaften Edelmetallvorkommen in Mexiko, Peru und dem übrigen Gebiet eingeräumt würde. Auch der Sklavenhandel schien Gelegenheiten zu eröffnen; die Briten waren der Ansicht, dafür eine ganz besondere Befähigung zu besitzen.

Am Ende ergab sich tatsächlich eine winzig kleine Chance. Spanien gestattete der Gesellschaft eine (einzige) Fahrt pro Jahr, wofür ein Anteil am Gewinn abzuführen war. Neue Hoffnung auf mehr brachte dann der Gedanke, die Herrschaft über Gibraltar gegen einen besseren Zugang zu den beiden Amerikas einzutauschen. Doch die Frage der Herrschaft über Gibraltar blieb zwischen Großbritannien und Spanien unglücklicherweise noch mehr als zweieinhalb Jahrhunderte umstritten.

Es fällt schwer, sich ein fragwürdigeres kommerzielles Vorhaben vorzustellen. Aber auch hier war, wie in Paris, nicht die Zeit für Fragen. Die weitere Ausgabe von Aktien im Gegenzug für die Übernahme weiterer öffentlicher Schulden wurde genehmigt und die Aktien wurden öffentlich angeboten; Anfang 1720 war die gesamte Staatsschuld übernommen. Das waren die vermeintlichen Vorzüge des Vorhabens. Die Gesetzgebung wurde durch Aktiengeschenke der South Sea Company an wichtige Minister der Regierung und auch durch den glücklichen Umstand gefördert, dass mehrere Direktoren der Gesellschaft im Parlament saßen und folglich über hervorragende Gelegenheiten verfügten, dort auf die überwältigenden Aussichten aufmerksam zu machen, die die Gesellschaft besitze. Deren Direktoren bedachten sich im Übrigen großzügig selbst mit Aktien.

1720 reagierte die britische Öffentlichkeit, oder zumindest der Teil, der für den Gedanken einer finanziellen Bereicherung empfänglich war, nachhaltig auf die von der South Sea Company gebotene vermeintliche Gelegenheit – und noch nachhaltiger auf die nach oben schnellenden Aktienkurse und den Wunsch, etwas von den Gewinnen abzubekommen. Der Krieg hatte einen kleinen, aber bedeutenden Teil der britischen Bevölkerung reich gemacht. Die Großgrundbesitzer und der Adel, die zwar auf die „Händler" und die anderweitig mit Geldverdienen Beschäftigten herabsahen, brachten es ebenfalls über sich, ihren Stolz zu überwinden, und machten mit – Geld hat häufig diese Wirkung. Die Szenen aus der Rue Quincampoix wiederholten sich nun auf den Straßen der Londoner City; die Gesellschaftsaktie, deren Kurs im Januar 1720 bei etwa 128 Pfund lag, notierte im März bei 330 Pfund, im Mai bei 550 Pfund, im Juni bei 890 Pfund und kletterte bis zum Spätsommer auf etwa 1.000 Pfund. Noch nie zuvor waren im Königreich, und vielleicht nicht einmal in Paris oder Holland, so viele so plötzlich so reich geworden. Wie immer sorgte die Kunde, dass einige mühelos Wohlstand anhäuften, dafür, dass viele andere sich ebenfalls vehement beteiligten, was den Kurs noch weiter in die Höhe trieb.

Dabei bot die South Sea Company nicht die einzige Gelegenheit. Ihr Erfolg brachte mindestens 100 Nachahmer und Trittbrettfahrer hervor, die alle hofften, am Aufschwung teilzuhaben. Es gab darunter Firmen, die ein Perpetuum mobile entwickelten (ebenfalls ihrer Zeit voraus), Pferde versicherten, die Kunst der Seifenherstellung verbesserten, mit Haaren handelten, Pfarrhäuser renovierten und umbauten, Quecksilber in schmiedbares Edelmetall umwandeln und Heime oder Spitäler für die Aufnahme und Pflege unehelicher Kinder bauen wollten. Den Vogel schoss jenes Unternehmen ab, das versprach, „ein Vorhaben von großem Vorzug durchzuführen, den aber niemand kennt". Im Juli 1720 zog die Regierung schließlich die Notbremse; es wurde ein Gesetz erlassen – der Bubble Act –, das weitere derartige Firmengründungen verbot. Dies geschah weniger zum Schutz der Dummen und Unschuldigen, wie immer geglaubt wurde, als vielmehr zur Sicherung des spekulativen Monopols der South Sea Company.

Doch zu diesem Zeitpunkt war das Ende der Gesellschaft schon absehbar. Der Kurs der Aktie geriet ins Trudeln, was zweifellos zum Teil die Folge der gezielten Gewinnmitnahmen durch Insider und Personen an der Spitze war. Im September fiel der Kurs auf 175 Pfund, im Dezember auf 124 Pfund. Man unternahm heroische Anstrengungen rhetorischer und anderer Art, das Vertrauen zu erhalten und neu zu beleben, wozu auch ein Hilfsappell an die neu gegründete Bank von England gehörte. Dank staatlicher Unterstützung pendelte sich der Kurs schließlich bei etwa 140 Pfund ein, ungefähr einem Siebtel des Höchstkurses. Wie schon zuvor und auch später: Sobald der Sturz begonnen hat, sind alle Versuche, das Unheil aufzuhalten, zum Scheitern verurteilt.

Schon bald setzte eine erbitterte, ja schonungslose Suche nach Sündenböcken ein. Blunt, inzwischen geadelt und Sir John Blunt, entging nur knapp dem Tod, als ein Angreifer, vermutlich ein Opfer, ihn in London auf offener Straße erschießen wollte. Er rettete sich später dadurch, dass er der Regierung die Namen seiner hochgestellten Mittäter verriet – eine recht moderne Lösung. Parlamentsmitglieder, die in Verbindung mit der Gesellschaft standen, wurden ausgeschlossen, das Geld und der Grundbesitz der Direktoren und anderer Inhaber hoher Posten (Blunt eingeschlossen) eingezogen, um die Opfer zumindest teilweise zu entschädigen. Robert Knight, der Finanzdirektor der Gesellschaft, verreiste ganz unerwartet auf das europäische Festland, wurde verfolgt und festgenommen. Es erging ein Auslieferungsantrag, aber Knight konnte fliehen und lebte die nächsten 21 Jahre im Exil. James Craggs, ein einflussreicher politischer Pensionär, der in die Affäre verwickelt war, beging Selbstmord. Andere kamen ins Gefängnis. Wie im Fall der Tulpen und John Laws wurde das wirtschaftliche Leben der Londoner City und des ganzen Landes stark in Mitleidenschaft gezogen.

Alle klassischen Merkmale des ökonomischen Holzwegs lagen hier offen zutage. Es bestand eine hohe Leverage, die die geringen Zinszahlungen der Staatskasse für die übernommenen Staatsschulden ansteigen ließ. Einzelpersonen wurden vom Glauben an den eigenen finanziellen Scharfsinn gefährlich geblendet und übertrugen diese Fehleinschätzung auf andere. Es bot sich eine Investitionsgelegenheit, die zwar die Fantasie beflügelte, aber die Wirklichkeit außer Acht ließ. Etwas scheinbar Aufregendes und Neues nahm die Vorstellungskraft der Menschen gefangen, in diesem Fall die Aktiengesellschaft, obwohl sie, wie bereits erwähnt, längst erfunden war. (Die großen privilegierten Handelsgesellschaften, die mit Indien und anderen Ländern Handel trieben, waren inzwischen 100 Jahre alt.) Der massenhafte Ausstieg aus der Vernunft, der tunlichst nicht als solcher begriffen wurde, fungierte bei den nach Profit strebenden Menschen als treibende Kraft.

Außergewöhnlich war jedoch die Beachtung, die gerade der zuletzt genannte Umstand am Ende fand. In einem sehr scharfsinnigen Bericht über den South-Sea-Schwindel nannte Charles Mackay Ross und Reiter:

> „[Im Herbst 1720] fanden in allen größeren Städten des Reiches öffentliche Versammlungen statt, bei denen man Petitionen an das Unterhaus verabschiedete, in welchen die Bestrafung der betrügerischen South-Sea-Direktoren gefordert wurde; sie hätten die Nation schließlich an den Rand des Ruins gebracht. Niemand schien auf den Gedanken zu kommen, dass die Nation selbst genauso zu tadeln war wie die Company. Niemand prangerte Leichtgläubigkeit und Habsucht der Menschen an, ihre würdelose Profitgier, die alle edleren Seiten des Nationalcharakters überlagert hatte, oder ihre Verblendung, die sie mit hemmungsloser Ungeduld in das Netz hatte rennen lassen, das die Betrüger für sie ausgelegt hatten. Davon sprach niemand. Man sah sich als einfaches, ehrliches, hart arbeitendes Volk, ausgeplündert von einer Räuberbande, die ohne Erbarmen gehängt, zu Tode geschleift, gevierteilt gehörte."

Auch heute kommt all das nach einer fehlgeschlagenen Spekulation nicht zur Sprache. Das werden wir noch zur Genüge sehen.

KAPITEL 5

Die amerikanische Tradition

Das ökonomische Gedächtnis ist kurz, aber subjektive öffentliche Verhaltensmuster können dauerhafter sein. So wie John Law in Frankreich einen Argwohn gegen Banken weckte, der sich über ein Jahrhundert hielt, nahm der South-Sea-Schwindel die Briten gegen Aktiengesellschaften ein. Der Bubble Act erschwerte viele Jahrzehnte die Gründung von Gesellschaften mit beschränkter Haftung, die wir heute als Aktiengesellschaften bezeichnen. 1824 genossen diese Unternehmen jedoch schon wieder so viel Ansehen, dass es in London zu einer neuen Gründungswelle von Aktiengesellschaften kam. Die Firmengründungen wurden zum Teil durch Aussichten in Südamerika gefördert, reichten aber auf wahrhaft weltumspannende Weise bis zum Roten Meer. Eine Gründung, die sich ganz besonders abhob, betraf ein Unternehmen, das sich mit der Trockenlegung dieses Gewässers befasste „mit dem Ziel, den Schatz wiederzuentdecken, den die Ägypter nach dem Zug der Juden durch das Rote Meer verloren". Gegen Ende des Jahrhunderts kam es als Reaktion auf Verdienstmöglichkeiten in der Neuen Welt zu weiteren Spekulationswellen, wobei Südamerika die Fantasie wieder ganz besonders anregte. 1890 musste die Bank von England das bedeutende Haus Baring Brothers vor dem Bankrott retten, das sich auf waghalsige Argentinienanleihen eingelassen hatte. Denke niemand, die heutigen Pleiten mit Dritte-Welt-Anleihen seien neu.

Aber zu welchen Auswüchsen es in London auch kam, es hat nichts mit Chauvinismus zu tun, wenn man behauptet, dass die Spekulation im letzten Jahrhundert sich am zügellosesten in den Vereinigten Staaten ausgetobt hat. Das lag an einer besonderen Vorliebe der Amerikaner für das angebliche Wunder der Geldschöpfung und ihrer vermeintlich außergewöhnlichen wirtschaftlichen Auswirkungen.

Die haltlose Kapitulation vor dem Zauber des Geldes begann in der Kolonialzeit. Wieder waren, worauf in Finanzdingen unbedingt Verlass ist, die Beteiligten von der eigenen Genialität als Neuerer überzeugt. Wie schon zuvor und jedes Mal wieder entdeckten sie das Rad neu.

Die südlichen Kolonien – Maryland, Virginia und Carolina, wie es damals noch hieß – gaben durch Tabak gedeckte Banknoten aus und beklagten zutiefst jede Nachfrage nach Gold oder Silber als Zahlungsmittel, deren Gebrauch sie gelegentlich sogar verboten. In Maryland dienten durch Tabak gedeckte Banknoten fast 200 Jahre als Zahlungsmittel – deutlich länger, als der Goldstandard andauern sollte. Verglichen mit der Papierwährung Neuenglands erfüllte es auch durchaus seinen Zweck.

1690 führte Sir William Phips einen Trupp recht harmlos wirkender Soldaten von der Kolonie an der Massachusetts Bay zur Festung Québec. Das, was sie erbeuteten, sollte die Kosten ihres Raubzugs decken. Dummerweise fiel die Festung nicht

Die Tresore des Staates Massachusetts waren leer, als Sir William Phips und seine bunt zusammengewürfelte Soldatentruppe vergebens versuchten, die Festung und das Vermögen von Québec zu erbeuten.

und als die Soldaten zurückkamen, war in der Kasse der Kolonie weder Bargeld noch Gold oder Silber, womit sie hätten entlohnt werden können. Für die Kolonialregierung schien es damals nur ein kleiner Schritt, Banknoten auszugeben, für die ein Umtausch in Gold oder Silber zugesichert wurde; zwei Jahrzehnte lief das Papiergeld Seite an Seite und zum Nennwert mit den Edelmetallen auf der Grundlage dieser Zusicherung um – ein scheinbar neues und fantastisches Finanzierungsinstrument und wieder das Wunder der Leverage. Es war eine Verschuldung in Form von Papiergeld, das durch deutlich weniger sichere Vermögenswerte, sprich Edelmetall, gedeckt war, als an Noten umlief. Die Noten hätten nicht eingetauscht werden können, wenn sie auf einmal vorgelegt worden wären.

Das Wunder griff auf andere Kolonien über; Papiergeld wurde reichlich ausgegeben, ja überreichlich. Rhode Island war ein besonders extremer Fall. Dort und auch anderswo waren die Banknoten am Tag der Abrechnung völlig oder fast wertlos.

Nicht alle Kolonien erlagen dieser Versuchung, wie wir fairerweise anmerken sollten: Pennsylvania, New York, New Jersey, Delaware und Maryland übten eine bewundernswerte Zurückhaltung. Dabei spricht einiges dafür, dass das Papiergeld, das tatsächlich die Preise und den Handel stützte, zum allgemeinen wirtschaftlichen Wohlstand beitrug, wenn es im richtigen Umfang eingesetzt wurde. Das war ohne Frage die Ansicht Benjamin Franklins, der, da er selbst an der Quelle saß, zum Gelddrucker hätte werden können. 1751 verbot das Parlament in London schließlich die Ausgabe von Papiergeld in Neuengland und etwas später auch in den anderen Kolonien.

Dieses Vorgehen löste viel Unmut aus; das Papiergeld und die mit ihm verbundene Leverage blieben den amerikanischen Kolonien als etwas wirtschaftlich Vorteilhaftes in guter Erinnerung. Man sollte den Einsatz von Papiergeld auch nicht völlig verdammen, wenngleich viele Historiker das getan haben. Die Soldaten Washingtons wurden mit *Continentals* bezahlt, wie die Banknoten während des Unabhängigkeitskrieges hießen; mit ihnen wurde der Krieg finanziert. Das Steueraufkommen war damals unbedeutend, genau wie der Apparat zu seiner Eintreibung. Die Kosten des Krieges wurden somit von denen getragen, die die *Continentals* bekamen, deren Kaufkraft rasch und unwiderruflich sank. So wurde die amerikanische Unabhängigkeit erkauft und es ist nicht sicher, ob dies auf andere Art hätte geschehen können. In der neuen Republik war damit die Bühne für immer neue spekulative Wellen bereitet.

Dank der noch frischen Erinnerung an die Inflation, die das Zahlungsmittel *Continental* mit sich gebracht hatte – ein gewaltiger Vorrat an Papiergeld jagte ein zwangsläufig begrenztes Warenangebot: Schuhe kosteten in Virginia 5.000 Dollar, sich komplett einzukleiden mehr als 1.000.000 Dollar –, war die Finanzpolitik des neuen Landes zurückhaltend. Die Verfassung untersagte der Bundesregierung und damit natürlich auch den Bundesstaaten, Papiergeld auszugeben. Die Geschäfte wurden mit Gold, Silber und Banknoten abgewickelt, die in Edelmetall einlösbar waren. Eine Zentralbank, die First Bank of the United States, wurde gegründet, die bei dem Häuflein staatlich konzessionierter Banken über die Ordnung zu wachen hatte. Sie tat dies, indem sie sich weigerte, die Noten der Banken anzunehmen, die auf Verlangen nicht in Metallgeld auszahlen konnten. Der inzwischen konservative Nordosten unterstützte dieses Vorgehen, der neue und finanziell bedürftigere Süden und Westen natürlich nicht. Dort war schneller Kredit auf dem Wege reichlich verfügbarer Banknoten sehr begehrt. 1810 wurde die Konzession der Zentralbank, die wegen ihres Rigorismus unter Beschuss stand, nicht mehr verlängert.

Der Anreiz des Krieges von 1812 und die Notwendigkeit, ihn über gewaltige öffentliche Kredite zu finanzieren, ließen die Preise steigen. Staatliche Banken, die von der Einlösungspflicht befreit waren, erhielten jetzt reihenweise Konzessionen. Jeder Ort, der groß genug war für „eine Kirche, eine Schankwirtschaft oder eine Schmiede, galt für die Gründung einer Bank als geeignet". Diese Banken gaben Banknoten aus und andere abwegigere Unternehmen, die die Banken imitierten, taten das Gleiche. „Sogar Friseure und Barmänner eiferten den Banken in dieser Hinsicht nach ..." Die Deckung dieser Noten durch Vermögenswerte war, wie wohl kaum hervorgehoben werden muss, minimal und schwindend. Wieder die Leverage.

In den Jahren nach Kriegsende stiegen der Wert des Bodens und anderer Besitztümer im ganzen Land kräftig an. Wie immer lockten die steigenden Preise all jene an, die überzeugt waren, dass sie noch weiter steigen würden. Und sie sorgten mit ihrer Überzeugung dafür, dass es tatsächlich weiter aufwärtsging. Die

Second Bank of the United States erhielt 1816 ihre Konzession – das Gefühl, dass doch eine höhere Aufsichtsmacht notwendig sei, hatte sich gehalten. Zunächst verstärkte die Bank den Aufschwung aber noch, denn sie stieg selbst massiv in das Geschäft mit Hypothekendarlehen ein. 1819 kam dann der Rückschlag. Die Preise und der Wert der Immobilien fielen drastisch; Kredite wurden gekündigt; die Zahl der Konkurse nahm zu. Es war die erste Spekulationswelle mit nachfolgendem Zusammenbruch. Der Vorgang sollte sich als charakteristisch für die Wirtschafts- und Finanzgeschichte der USA im 19. Jahrhundert erweisen. Das Wort *Panik* im Zusammenhang mit Geld fand Eingang in die Sprache. Später, als man eifrig nach gefälligeren, weniger beunruhigenden Bezeichnungen suchte, kamen Begriffe wie *Krise, Depression, Rezession* und heute natürlich *Wachstumsanpassung* als Zustandsbeschreibung der wirtschaftlichen Auswirkungen auf.

Wahrscheinlich fand der Aufschwung des zweiten Jahrzehnts im normalen Verlauf der Spekulation 1819 sein Ende, obwohl das niemand mit Sicherheit weiß. Aber der Second Bank, die im Rahmen ihrer Aufsichtspflicht nach und nach die Banknoten eingezogen hatte, wurde automatisch und in aller Schärfe die Schuld gegeben. Wie immer war die Notwendigkeit am Werk, einen anderen Grund zu finden als die Spekulation selbst. Die Folge war, dass Präsident Andrew Jackson die öffentliche Meinung gegen die Institution Zentralbank aufbrachte, wobei Nicholas Biddle ihm unabsichtlich half. Als Chef der Second Bank forderte Biddle die Banken im Land mit elitärer, selbstgerechter und anmaßender Strenge auf, für die Deckung ihrer Banknoten zu sorgen. Daraufhin wurde die

Konzession für die Second Bank wie schon bei der First Bank nicht erneuert. Es sollten fast 100 Jahre vergehen, bis man in den Vereinigten Staaten wieder eine Zentralbank duldete. Und schon bald setzte wieder eine Flut neuer Banken und Banknoten ein. Die Bühne für die nächste Spekulationswelle wurde bereitet, die ihr Ende im Zusammenbruch 1837 fand.

Auch bei dieser spekulativen Seifenblase ging es um Immobilien, insbesondere im Westen, unter anderem auch um Ansprüche auf Staatsland, sie erfasste aber auch Fertigungsunternehmen und Waren. Finanziert wurde die Spekulation durch die Ausgabe von Banknoten, die von den immer zahlreicher werdenden Banken auf den Markt geworfen wurden. Aber gleichzeitig entstand noch eine neue Finanzierungsquelle.

Infrastrukturmaßnahmen, wie man heute sagen würde, wurden zu einer der wichtigsten Investitionsgelegenheiten. Diese Vorhaben, vor allem Kanäle und Fernstraßen, begründeten sich aus den großen Entfernungen, über die die Landwirtschafts-, Bergwerks- und Fabrikerzeugnisse in der neuen Republik transportiert werden mussten. Die Bundesstaaten übernahmen die Aufgabe, das Geld aufzubringen, das, wie sich herausstellte, in Großbritannien reichlich zur Verfügung stand. In nie dagewesenem Umfang strömte Geld über den Atlantik und trug zweifellos positiv zum Bau der Verkehrseinrichtungen bei. Aber es trug auch zu einem explosionsartigen Aufschwung des Wirtschaftslebens allgemein und der Beschäftigung bei und bewirkte einen Ansturm auf den im Wert steigenden Grundbesitz.

Das Jahr 1837 brachte die unvermeidliche Ernüchterung und den Kollaps. Wieder folgte eine Zeit ausgeprägter Rezession, die jedoch zwei neue Merkmale aufwies, von denen eines auch heute noch von Bedeutung ist. Es blieb die Hinterlassenschaft einer verbesserten Infrastruktur, vor allem der Kanäle, die der Ausgangspunkt der spekulativen Begeisterung gewesen waren. Und es wurde eine sehr moderne Einstellung zu den noch ausstehenden Krediten gefördert: Angesichts der düsteren Aussichten nach dem Zusammenbruch wurden sie mit Unwillen registriert und einfach nicht zurückgezahlt. Mississippi, Louisiana, Maryland, Pennsylvania, Indiana und Michigan erkannten ihre Schulden nicht an, wenngleich sie später Anstalten machten, sie doch zurückzuzahlen. Man war verärgert, dass jetzt, in so schwerer Zeit, ausländische Banken und Investoren die Rückzahlung von Schulden verlangten, die so leichtfertig gewährt und eingegangen worden waren. Noch einmal muss auf etwas hingewiesen werden: Nur die krankhafte Schwäche des finanziellen Gedächtnisses, die in dieser Geschichte mit solcher Zuverlässigkeit wiederkehrt, oder vielleicht unsere Gleichgültigkeit gegenüber der Finanzgeschichte selbst ermöglicht uns zu glauben, dass die heutigen Erfahrungen mit der Verschuldung der Dritten Welt, mit Argentinien, Brasilien, Mexiko und anderen lateinamerikanischen Ländern, in irgendeiner Form neu seien.

Ein Jahrzehnt lag die Wirtschaft der Vereinigten Staaten nach dem Platzen der Schuldenblase im Jahr 1837 darnieder. Die Zahl der Banken, die waghalsige Vorhaben zu finanzieren bereit waren, ging zurück. Dann, nach weiteren zehn Jahren, ließ das Gedächtnis der Öffentlichkeit wieder nach. Erneut stellte sich Zuversicht ein, die Bankkonzessionen nahmen zu. Banknoten zur Finanzierung von Spekulationsobjekten standen wieder zur Verfügung. 1857 brach erneut alles zusammen.

In der Zwischenzeit hatte man eine Leverage erlebt, die selbst einem T. Boone Pickens, Michael Milken oder dem einst so großen Finanzhaus Drexel Burnham Lambert hätte außergewöhnlich erscheinen müssen. Die staatlichen Vorschriften verlangten von den Banken, für einen Teil ihrer umlaufenden Banknoten Reserven in Form von Edelmetall zu halten. Dadurch sollte das Verhältnis zwischen Einlagen und Ausleihen in einem vernünftigen Rahmen gehalten werden. Die Bankenaufsicht überwachte diese Regelung zwar, doch die Durchsetzung gestaltete sich so wirksam wie die jüngsten Bestimmungen für die amerikanischen Bausparkassen. In einem besonders extremen Fall machte eine Bankengruppe aus Michigan gemeinsame Sache und hielt ein und dieselben Reserven für alle Beteiligten. Sie wurden jeweils von einer Bank zur anderen gebracht, bevor der Prüfer erschien. Bei dieser und auch anderen Gelegenheiten hatte man noch weitere „Sparmaßnahmen" auf Lager: Die oberste Lage Goldmünzen in den Behältnissen wurde dadurch eindrucksvoll angehoben, dass man unten einige Lagen Nägel einfüllte. Aber nicht all diese Auswüchse trugen sich im Westen zu. Zur selben Zeit wurde im konservativeren Neuengland eine Bank geschlossen, deren umlaufenden Banknoten in Höhe von 500.000 Dollar eine Goldreserve von ganzen 86,48 Dollar gegenüberstand.

Der Sezessionskrieg änderte am spekulativen Auf und Ab nichts, verkürzte jedoch den zeitlichen Abstand zwischen den einzelnen Spekulationswellen. Als Ende der 60er- und Anfang der 70er-Jahre des 19. Jahrhunderts die Wunden des Krieges verheilten, kam es zu einem der größten spekulativen Aufschwünge als Vorreiter der wirtschaftlich und politisch so verheerenden Panik von 1873.

Diesem Jahr war eine Zeit allgemein steigender und sich gegenseitig aufschaukelnder Werte sowie generell euphorischer Bedingungen in der Industrie, der Landwirtschaft und dem öffentlichen Bausektor vorausgegangen. Die Wertsteigerungen führten zu weiteren Wertsteigerungen. Wie bei den Kanälen und Fernstraßen war der Verkehr auch jetzt Gegenstand der Spekulation; diesmal ging es allerdings um die Eisenbahn. Hier schien das Land der unbegrenzten Möglichkeiten wirklich Realität geworden zu sein. Wer konnte bei etwas verlieren, das so offenkundig gebraucht wurde? Wieder flossen britische Kredite in Strömen, wobei der finanzhistorische Gedächtnisschwund erneut Hilfestellung leistete. Inzwischen war jede Erinnerung an die Kreditkatastrophen von vor 40 Jahren ausgelöscht. Die Wirklichkeit pochte bald auf ihr Recht. Die neuen Eisenbahngesellschaften, und auch einige alte, konnten nicht mehr zahlen. Das angesehene Bankhaus Jay Cooke & Company, das sich in der Eisenbahnfinanzierung stark engagiert hatte, schloss im September 1873 die Schalter. Noch zwei weitere große Banken gingen unter. Die New Yorker Börse wurde für zehn Tage geschlossen. Banken in New York und anderen Städten setzten die Einlösung in Gold aus.

Der große Aufschwung der Eisenbahn im 19. Jahrhundert endete mit Korruption und der erfindungsreichen Manipulation der Kurse von Eisenbahn-Aktien. Das Foto zeigt, wie Eisenbahnfunktionäre 1869 in Promontory (Utah) die Fertigstellung der ersten transkontinentalen Bahnstrecke feiern.

In der Folge machte sich erneut der vorhersehbare Eskapismus breit, der längst zu einer amerikanischen Tradition geworden war. Das Problem, so hieß es, liege nicht in der vorherigen Euphorie, sondern darin, dass irgendetwas mit dem Geld nicht stimme. Der Grund für die früheren Zusammenbrüche, bei denen es ebenfalls um Geld gegangen war, sei die mangelnde Flexibilität der beiden Zentralbanken der Vereinigten Staaten gewesen. Diesmal liege die Ursache in einem zwar kaum beachteten und auch nicht neuen Plan, nämlich die Greenbacks, Schatzanweisungen mit Banknotencharakter aus der Zeit des Sezessionskrieges, einzuziehen und zum Goldstandard überzugehen. Nichts hätte – bei der Geschichte und der Faszination des Papiergeldes – die amerikanische Psyche stärker ansprechen können. Unverzüglich entstanden zwei große politische Bewegungen, die Greenback-Partei und die Befürworter der freien Prägung von Silbermünzen. Und bald erscholl vernehmlich die Stimme von William Jennings Bryan, der davor warnte, Amerika an das Kreuz des Goldes zu schlagen.

In den letzten Jahrzehnten des 19. Jahrhunderts sprach angesichts der breiten deflationistischen Tendenz jener Jahre viel für ein liberaleres monetäres System. Diejenigen, die sich dafür einsetzten, hatten nicht unrecht. Doch dann bewirkte das monetäre Vorpreschen wie immer, dass die Aufmerksamkeit von der Eigenart der früheren Spekulationswellen und ihren unausweichlichen und abträglichen Folgen weggelenkt wurde.

Aus den so schön aufeinanderfolgenden Auf- und Abschwüngen des letzten Jahrhunderts entwickelte sich in späteren Jahren ein weiteres Muster zur Verschleierung der Euphorie-Anfälle. Und das bestand darin, sie für normal zu erklären. Das

Der Ökonom Joseph Schumpeter vertrat die Auffassung, wiederkehrende Manien seien ein normaler Bestandteil des Wirtschaftslebens.

Auf und Ab sei, so wurde behauptet, eine vorhersehbare Erscheinungsform des Wirtschaftszyklus. Spekulationsmanie könne es durchaus geben, wie später auch Joseph Schumpeter meinte, aber die Manie sei Teil eines größeren Prozesses und die wohltuende Rolle der anschließenden Schrumpfung und des Abschwungs stelle die geistige Normalität wieder her und scheide das Gift aus dem System aus, wie einige andere Ökonomen sich ausdrückten. In wissenschaftlichen Seminaren über Konjunkturzyklen galt der Wechsel zwischen hohen, ja extremen Erwartungen und dem folgenden Tief inzwischen als etwas Normales.

1907, nach einer weiteren, nicht ganz so dramatischen Flucht aus der Wirklichkeit, die sich auf den Raum New York konzentrierte, kam es zur sogenannten Wall-Street-Panik. Erinnernswert bleibt die Meinung, J. P. Morgan, der zur Rettung der gefährdeten Trust Company of America öffentliche und private Gelder in Anspruch nahm und sogar die New Yorker Geistlichkeit bat, Vertrauen und Mut zu predigen, habe die Panik im Alleingang beendet. Das ist umstritten. Ein Crash kann auch ohne göttliches Eingreifen zu Ende gehen.

In den Monaten nach dem Ersten Weltkrieg kam erneut eine ziemlich überschwängliche Stimmung auf. Die landwirtschaftlichen Einkommen gestalteten sich günstig, was der Ausgangspunkt einer Spekulationswelle um den Erwerb von Agrarland und seinen Preis war. Die Farmer standen am Ende vor einem riesigen Schuldenberg, der nach allgemeiner Überzeugung in den Jahren der Weltwirtschaftskrise den Gesamtwert des landwirtschaftlichen Grundbesitzes überstieg. Das war die Geburtsstunde der Landwirtschaftskrise der 1930er-Jahre sowie der landwirtschaftlichen Programme, die es noch immer gibt. Seither werden die landwirtschaftlichen Preise und Einkommen gestützt und Kredite für die Farmer bereitgestellt.

J. P. Morgan soll den Crash des Jahres 1907 neben anderen Abhilfemaßnahmen dadurch beendet haben, dass er den New Yorker Klerus aufforderte, ermutigende Predigten zu halten.

Übertroffen wurden alle spekulativen Phasen der Vergangenheit jedoch vom gewaltigen Aktienboom Ende der 1920er-Jahre. Seit John Law und dem Schwindel von Paris hatte noch keine Spekulationsmanie mit einer solchen Vehemenz einen so großen und einflussreichen Teil der Bevölkerung erfasst. Es lagen alle wichtigen Merkmale der finanziellen Euphorie vor. Und hier galt auch die Formulierung Schumpeters nicht mehr, die anschließende Schrumpfung sei normal, erträglich und, wie er versicherte, „wohltuend“.

KAPITEL 6

1929

In der allgemeinen Wirtschafts- und Finanzgeschichte sticht keine Jahreszahl so hervor wie die des Jahres 1929. Es ruft, wie ich an anderer Stelle angemerkt habe, bei den Menschen eine Fülle von Erinnerungen hervor – wie die Jahreszahlen 1066, 1776, 1789, 1914, 1945 und inzwischen vielleicht durch den Zusammenbruch des Kommunismus das Jahr 1989. Das liegt zum Teil daran, dass die spekulative Katastrophe, die sich damals ereignete, ein besonderes Ausmaß, ja eine gewisse welthistorische Größe hatte, mehr aber noch daran, dass sie für die Vereinigten Staaten und die Industrienationen insgesamt die schwerste und längste Krise einläutete, die der Kapitalismus je erlebt hat.

Das Jahr 1929 ist auch deshalb im Gedächtnis, weil damals sämtliche Elemente einer Spekulationseuphorie vorhanden waren, vor allem die starke Bereitschaft zu vermeintlichen finanziellen Neuerungen. Sie umfassten, wie immer, die neu entdeckten Wunder der Leverage, die auch gegenwärtig wieder zu bestaunen sind, sowie den Aufmarsch öffentlich gefeierter Genies. Optimismus stützte sich auf Optimismus, um die Preise hochzutreiben. Es folgten der große Knall und schließlich die Erkenntnis, mit welch schwerwiegenden geistigen und moralischen Defiziten diejenigen behaftet waren, denen man zuvor Genialität attestiert hatte. Günstigstenfalls wurden sie der Vergessenheit überantwortet. Die Regel aber waren öffentliche Schmähungen, Gefängnis oder Selbstmord. 1929 und noch Jahre danach war das alles überlebensgroß.

Die Rechtfertigung lieferte die politische, soziale und wirtschaftliche Ordnung, die mit der wohlwollenden und selbstverständlich republikanischen Regierung von Calvin Coolidge und seinem Finanzminister Andrew W. Mellon ihre herausragenden Repräsentanten hatte. Am 4. März 1929 übernahm der erfahrene Ingenieur, Verwaltungsfachmann und Staatsmann Herbert Hoover das Präsidentenamt. Es existierte ein Klima, wie es gut 50 Jahre später beim Amtsantritt von Ronald Reagan wieder herrschen sollte. Dieses Revival ist kein reiner Zufall. Die meisten derjenigen, die Investitionen tätigen oder über größere Geldbeträge verfügen, die sie investieren können, stehen im Hinblick auf ihre politische Einstellung den Republikanern nahe. Natürlich, vielleicht auch notwendigerweise, vertrauen sie den Politikern, die ihre Anliegen unterstützen, glauben an die Lehre, zu der diese sich bekennen, und an den wirtschaftlichen Vorteil, der daraus erwächst. Gerade diese durch privilegierte Umstände scheinbar so gesegneten Menschen begeistern sich besonders leicht für die neuen und fast unbegrenzten Möglichkeiten des Reichwerdens, die einer republikanischen Ära unter einer republikanischen Regierung eigen sind. Das war 1929 so und erneut vor dem Börsenkrach 1987. Alle, die derart anfällig sind und in diese Richtung neigen, sollten, ungeachtet ihrer politischen Überzeugung, vorsichtig sein.

Die ersten Äußerungen der Euphorie der 1920er-Jahre zeigten sich nicht an der Wall Street, sondern Mitte jenes Jahrzehnts beim großen Immobilienboom von Florida. Eine Rolle spielte neben dem Optimismus, den Coolidge und Mellon verbreiteten, der unbestrittene Reiz, den das Klima Floridas ausübt. Es ist nun einmal so ganz anders und für alle New Yorker oder Chicagoer war es damals sicher eine faszinierende Entdeckung. Eine Rolle spielte auch die Leverage; man konnte bei einer Anzahlung von etwa zehn Prozent in bar eine Unmenge Land kaufen. Jede Kaufwelle bestätigte sich dann selbst und löste die nächste aus. Als die Spekulation 1924, 1925 richtig in Fahrt kam, rechnete man mit einer Verdopplung der Preise binnen weniger Wochen. Wer sollte sich da Gedanken wegen irgendwelcher Schulden machen, die so schnell getilgt sein würden?

Charles Ponzi war bereits als Fälscher und Dieb verurteilt, als er eine neue Laufbahn einschlug und allzu habgierigen Investoren Sumpfland in Florida verkaufte.

Es gab noch andere überzeugende Argumente. Ausgesuchte „Strand"-Grundstücke konnten, wenn man das Kartieren nicht so eng sah, durchaus 15 oder 20 Kilometer von der Küste entfernt liegen. Der bekannte Charles Ponzi aus Boston, dessen Name für immer mit Investitionen verbunden ist, die eine stattliche Rendite für die frühen Investoren aus dem Geld abwarfen, das die späteren Investoren einbrachten, hatte sich dem Immobiliengeschäft zugewandt. Er eröffnete eine „Zweigstelle“, die „bei Jacksonville“ liegen sollte, aber etwa 100 Kilometer von der Stadt entfernt war. Die Eigendynamik hielt an: Die Eisenbahn, die für den Nachschub zuständig war, stand derart unter Druck, dass sie „unnötige Fracht“ ablehnen musste – so auch das Baumaterial, das für den Bauboom gebraucht wurde.

1926 kam der unvermeidliche Kollaps. Der Nachschub an neuen Käufern, die man zur Aufrechterhaltung des Aufschwungs brauchte, ließ nach und es setzte ein aussichtsloser Wettlauf um den Ausstieg ein. Man hatte externe und nicht ganz unwahrscheinliche Erklärungen zur Hand. Nicht die Euphorie mit ihrem vorprogrammierten Spekulationsende auf dem Höhepunkt wurde als der Schuldige ausgemacht, sondern zwei besonders heim-

Der Grundstücksboom der 1920er-Jahre in Florida endete, als die Zahl der ausreichend leichtgläubigen Käufer zurückging und nach einem Hurrikan Tausende Menschen obdachlos wurden.

tückische Hurrikans, die im Herbst 1926 aus der Karibik kamen. Tatsächlich wurden Tausende obdachlos. Die Verantwortung für die Katastrophe wurde somit vom Menschen und seinem Hang zur finanziellen Selbsttäuschung auf Gott und das Wetter abgewälzt, außerdem, wenn auch nur am Rande, auf fehlgeleitete wohltätige Projekte nach dem Orkan. Das *Wall Street Journal* zitierte einen Vertreter der Seaboard Air Line, der die Befürchtung äußerte, die Bitte um Gelder des Roten Kreuzes zur Linderung der Hurrikanschäden „schade Florida auf Dauer mehr, als die ganze Sammlung einbringe".

1925 betrug das Banken-Clearing in Miami 1.066.528.000 Dollar; 1928 lag es bei nur noch 143.364.000 Dollar.

1928 hatten sich Spekulationsbereitschaft und -manie in das weit weniger ausgeglichene Klima Lower Manhattans verlagert.

Die Aktienkurse an der New Yorker Börse waren seit 1924 gestiegen. Der Anstieg setzte sich 1925 fort und erlitt 1926 einen leichten Rückschlag, möglicherweise als Reaktion auf den Zusammenbruch der Grundstücksspekulation in Florida. 1927 kletterten die Kurse weiter und verloren, wie man ohne Weiteres sagen kann, 1928 und vor allem 1929 jeden Bezug zur Realität.

Im Frühjahr 1929 gab es einen leichten Einbruch. Der amerikanische Zentralbankrat wich etwas von seiner damals beispiellosen Ängstlichkeit und anerkannten Unfähigkeit ab und verkündete, er werde vielleicht die Zinsen erhöhen, um den Boom zu bremsen, und der Markt gab leicht nach. Das Vorgehen der Zentralbank wurde als wirtschaftliches Sabotagemanöver betrachtet. Charles E. Mitchell, Chef der damaligen National City Bank, der selbst auf der Hausse-Welle ritt, trat der Bedrohung öffentlich entgegen. „Wir sind der Meinung“, formulierte er für seine Bank in einer Erklärung von fast beispielloser Arroganz, „dass wir eine Verpflichtung haben, die wichtiger ist als jede Warnung der Zentralbank oder sonst etwas, jede gefährliche Krise am Geldmarkt abzuwenden.“ Die National City Bank war bereit, gegebenenfalls Geld auszuleihen, um jeder Beschränkung durch die Zentralbank entgegenzuwirken.

Charles Mitchell, der 1929 Leiter der National City Bank war, bot an, der öffentlichen Hand genug Geld zu leihen, um die unerwünschten Einschränkungen zu umgehen, die ihr die Federal Reserve auferlegt hatte.

Die Wirkung war mehr als befriedigend: Der Markt hob wieder ab. In den drei Sommermonaten übertraf der Kursanstieg den recht beachtlichen Verlauf, der schon das gesamte Vorjahr geherrscht hatte.

Mittlerweile waren die wirklich vorhersehbaren und mehr als zur Genüge bekannten Merkmale einer großen, übersteigerten Spekulation erneut präsent und offenkundig. Die Preise stiegen, weil den privaten Investoren oder Anlegern und deren Beratern eingeredet wurde, sie würden noch weiter steigen, und diese Einflüsterungen sorgten dann tatsächlich für den Anstieg. Die Leverage war wunderbarerweise zur Stelle, in der Tat eines der besonderen Wunder jener Zeit. In ihrer häufigsten Form ermöglichte sie den Erwerb von Aktien bei einer Deckungssumme von nur 10 Prozent – 10 Prozent zahlte der ehrgeizige Besitzer, 90 Prozent der entgegenkommende Geldgeber. Billig war es nicht; im Sommer 1929 zahlte ein Schuldner den damals unglaublich hohen Zinssatz von 7 bis 12 Prozent und einmal sogar 15 Prozent.

Die geschlossenen Investmentgesellschaften der United Founders Corporation, von Goldman, Sachs und anderen ähnlichen Unternehmen wurden für ihre Genialität gefeiert, die Leverage entdeckt zu haben und zu nutzen. Die United-Founders-Gruppe, die 1921 gegründet worden war, kenterte und wurde von einem Freund mit einer Kapitalspritze von 500 Dollar gerettet. Dann nahm sie Kredite auf und verkaufte Wertpapiere, um die Anlage in anderen Wertpapieren zu finanzieren – am Ende etwa eine Milliarde Dollar. Mit Vermögenswerten von einer Milliarde Dollar aus einer ursprünglichen Einlage von 500 Dollar hatte die United-Founders-Gruppe das Zeug, zum bemerkenswertesten Leverage-Beispiel aller Zeiten zu werden, ausgenommen vielleicht jene Banken aus Michigan, die ihre Banknoten mit Nägeln statt mit Goldmünzen deckten.

Genauso abenteuerlich waren die Verschuldungsauswüchse, die von Goldman, Sachs gefördert wurden.

Die Handelsgesellschaft Goldman Sachs Trading Corporation wurde Ende 1928 von Goldman, Sachs mit der ausschließlichen Zielvorgabe gegründet, mit Stammaktien zu spekulieren. Die erste Aktienemission war bescheiden: 100.000.000 Dollar, für die andere Aktien gekauft wurden. Im Sommer des nächsten Jahres gründete die Handelsgesellschaft die Shenandoah Corporation und bot die Stamm- und Vorzugsaktien zum Kauf an, sicherte sich jedoch die Kontrolle über die Stammaktien. Die Shenandoah Corporation sollte ebenfalls Stammaktien aufkaufen und halten. Der gesamte Wertzuwachs der auf diese Weise gehaltenen Aktien fiel den Stammaktionären zu – vor allem auch der Handelsgesellschaft –, nicht den Vorzugsaktionären. Dann gründete Shenandoah die Blue Ridge Corporation und der ganze Vorgang wiederholte sich. Der durch Kreditaufnahme entstandene Wertzuwachs der Blue-Ridge-Stammaktien fiel den Stammaktionären von Shenandoah zu. Deren Wertsteigerung schlug in noch stärkerem Maß auf die Bestände der Handelsgesellschaft durch.

Unerkannt blieb nur, wie dieser Prozess in umgekehrter Richtung verlaufen würde – denn feste Verbindlichkeiten bedeuteten fallende Marktwerte und sinkende Aktienerlöse. Und die Aktien fielen. Die Papiere der Handelsgesellschaft Goldman Sachs wurden zu einem Kurs von 104 Dollar ausgegeben und waren einige Monate später auf 222,50 Dollar gestiegen; im späten Frühjahr 1932 notierten sie bei 1,75 Dollar.

Die gefeierten Männer jener Zeit waren diejenigen, die den Boom ritten und ihn förderten. Am bekanntesten waren der Kanadier Arthur W. Cutten, Bernard E. Smith mit dem bezeichnenden Beinamen „Sell ’Em Ben“, der besonders umjubelte Spekulant M. J. Meehan, die beiden großen Bankpräsidenten, der bereits erwähnte Mitchell von der National City Bank und Albert H. Wiggin von der Chase Bank, der schwedische Streichholzkönig und außergewöhnliche internationale Finanzier Ivar Kreuger sowie Richard Whitney, der bedeutendste und vornehmste Makler und Vizepräsident der New Yorker Börse, der bald ihr Präsident wurde. Rückhalt für sie und dadurch das Vertrauen der Öffentlichkeit gab es vonseiten einer Gruppe Wirtschaftswissenschaftler. Diese versicherten ihren Zuhörern, dass das, was sich da abspielte, sich absolut im Rahmen des modernen und erfolgreichen Kapitalismus bewege.

Irving Fisher, ein höchst renommierter Ökonom der Yale University, ließ sich 1929 von der Spekulationseuphorie blenden.

Der prominenteste und bedauernswerteste der wissenschaftlichen Weisen war Irving Fisher von der Yale University, der, wie schon angedeutet, wohl innovativste Ökonom seiner Zeit. Selbst stark in das Marktgeschehen verstrickt, erlag auch er der heftigsten Verlockung der Spekulation, dass man nämlich nur das glaubt, was dem eigenen Glück, mit dem man rechnet, am meisten dient. Im Herbst 1929 erntete er bleibenden Ruhm für seine überall verbreitete Feststellung, die „Aktienkurse haben, wie es aussieht, ein dauerhaft hohes Niveau erreicht".

Auch von den Universitäten Harvard, Michigan, Ohio State kamen optimistische Prognosen. Insbesondere tat sich ein junger Ökonom aus Princeton hervor, ein gewisser Joseph Stagg Lawrence. Er gab, als die Kurse ihren Höhepunkt erreichten, die viel zitierte Äußerung zum Besten: „Das einhellige Urteil der Millionen, deren Bewertung auf diesem großartigen Markt, der Börse, zum Ausdruck kommt, lautet, dass die Aktien gegenwärtig nicht überbewertet sind." Und er schloss die Frage an: „Wo sind denn jene Leute mit dem umfassenden Wissen, das sie ermächtigt, gegen das Urteil jener vielen intelligenten Menschen ihr Veto einzulegen?"

Ein paar legten ihr Veto ein und wurden prompt lautstark, sogar wüst beschimpft. Wie schon erwähnt wurde Paul M. Warburg, der zumindest bis zu seinen Warnungen einer der angesehensten Bankiers seiner Zeit gewesen war, besonders heftig verdammt. Genauso erging es dem ebenso bekannten, wenn auch nicht ganz so renommierten Roger Babson.

Das Ende begann am 21. Oktober.

Der Ablauf der Ereignisse, von denen die Geschichte jener Tage geprägt wurde, ist schon unzählige Male geschildert worden und es besteht keine Notwendigkeit, hier noch einmal ausführlicher darauf einzugehen. Der Markt eröffnete in der Woche am 21. Oktober schwach, der Handel war nach damaligem Maßstab sehr lebhaft. Am Mittwoch verschlechterte sich die Lage. Der Donnerstag war der erste verheerende Tag. Die Kurse fielen an jenem Vormittag scheinbar ins Bodenlose. Der Börsenschreiber hinkte, wie schon am Montag, deutlich hinter den Umsätzen her. Der Ruf nach höheren Einschüssen erging an Personen, die noch nichts vom Ausmaß ihres Unglücks wussten. Alles deutete wieder auf eine Panik hin.

Um die Mittagszeit an jenem Donnerstag schlug die Entwicklung kurz zum Besseren um. Die wichtigen Bankiers jener Tage, unter ihnen Thomas Lamont von der Morgan's Bank, Mitchell von der National City Bank und Wiggin von der Chase Bank, kamen im Bankhaus Morgan zusammen und beschlossen, etwas zu unternehmen. Kurz darauf erschien Richard Whitney, der Börsenmakler von Morgan, auf dem Börsenparkett und tätigte Stützungskäufe mit Geld, das die Großbanken ihm zur Verfügung gestellt hatten. Wie schon in den Tagen von John Law, des Südseeschwindels und anderer Ereignisse glaubte man, durch beruhigende Erklärungen und entsprechendes Handeln wieder den Status quo ante zu erreichen. Doch dummerweise, und wie vorauszusehen, verflog das Vertrauen über das

Wochenende. Am Montag kam es zu massiven Verkäufen; Dienstag, der 29. Oktober, war bis dahin der schlimmste Tag in der Geschichte der Börse. Die Anzeichen des Niedergangs waren nicht mehr zu verschleiern. Jetzt hielt nichts mehr die Verkaufswoge auf. Auch das Gerücht, die Großbanken würden selbst einsteigen, was vielleicht sogar zutraf, zeigte keine Wirkung. In den darauffolgenden Wochen ging es am Aktienmarkt weiter abwärts, wobei die Montage besonders schlechte Tage waren.

An diesen Vorkommnissen war, wie vielleicht zugestanden wird, wenig Originäres oder sonstwie Bemerkenswertes. Die Kurse wurden durch die Erwartung in die Höhe getrieben, dass sie steigen würden, und die Erwartung sorgte für die daraus resultierenden Käufe. Dann die unausweichliche Umkehr dieser Erwartungen aufgrund irgendwelcher scheinbar abträglicher Ereignisse oder Entwicklungen oder vielleicht auch nur, weil der Nachschub an mental empfänglichen Käufern erschöpft war. Was immer der Grund war (der letztlich unwichtig ist), es blieb die schon früher beobachtete absolute Gewissheit, dass diese Welt nicht leise untergeht, sondern mit einem Paukenschlag.

Nach dem großen Knall traten zwei weitere vorhersehbare Entwicklungen ein. John Law, der seine letzten freudlosen Lebensjahre in Venedig verbrachte, hatte möglicherweise ein gnädigeres Schicksal als die großen Finanzakrobaten der 1920er-Jahre. Charles Mitchell und Albert Wiggin wurden gnadenlos vor die Tür gesetzt. Mitchell, der selbst im großen Stil am Markt gehandelt hatte, verbrachte einen großen Teil der nächsten zehn Jahre vor Gerichten, wo er sich gegen die Anklage der Einkommensteuerhinterziehung verteidigen musste. Er hatte seinen im Wert gefallenen Aktienbestand auf seine möglicherweise ahnungslose Ehefrau übertragen und einen erheblichen Kapitalverlust

Der Große Krach zwang arglose Aktionäre, persönliches Eigentum zu verkaufen, beispielsweise diesen Chrysler Roadster, dessen Listenpreis sich im Jahr 1929 auf 1.555 Dollar belief.

abgeschrieben. Von der strafrechtlichen Anklage wurde er schließlich freigesprochen, zivilrechtlich wurde er jedoch zu erheblichen Zahlungen verurteilt. Wiggin, ebenfalls ein großer Spekulant und kaum noch im Besitz von Aktien der eigenen Bank, wurde die Pension gestrichen. Cutten, Meehan und Sell 'Em Ben Smith wurden vor Kongressausschüsse zitiert. Cutten litt an akutem Gedächtnisschwund; Meehan ging, als er vorgeladen wurde, geistesabwesend ins Ausland, kam aber bald zurück und entschuldigte sich. Richard Whitney kam wegen Unterschlagung nach Sing Sing. Ivar Kreuger, einst ein weltweit agierender Finanzier, Gründer und Spekulant und jetzt als großer Betrüger entlarvt, ging 1932 in Paris eines Tages in ein Geschäft, kaufte sich eine Pistole und erschoss sich. Man hatte unter anderem festgestellt, dass er italienische Staatsanleihen gefälscht hatte – eine zu weitgehende Auslegung der Pressefreiheit. Irving Fisher büßte mehrere Millionen ein und wurde von der Yale University in bescheidenem Rahmen aufgefangen. Zwei Große jener Zeit, Joseph P. Kennedy und Bernard Baruch, ernteten Anerkennung und dauernde Achtung, weil sie früh genug ausgestiegen waren.

Vorhersehbar auch bei den nachfolgenden Versuchen, die Ereignisse zu erklären, war wiederum die Flucht vor der Wirklichkeit. Es gab enge Parallelen zu früheren Vorkommnissen und bemerkenswerte, zuweilen aberwitzige Wiederholungen in den Jahren 1987 und danach. Der Markt im Oktober 1929 habe, wie es hieß, nur äußere Einflüsse widergespiegelt. Im vorangegangenen Sommer war es, wie man zu spät feststellte, zu einer Abschwächung der industriellen Produktion und einiger der wenigen aktuell verfügbaren wirtschaftlichen Indizes gekommen. Darauf hatte der Markt ganz rational reagiert. Schuld waren nicht die Spekulation und ihre unweigerlichen Folgen, sondern jene tieferen, rein äußeren Einflüsse. Persönlichkeiten aus dem Wirtschaftsleben wirkten bei der Entstehung und Verteidigung dieser Illusion tatkräftig mit. Einige machen es, wenn sie auf die Geschichte zu sprechen kommen, noch immer.

Sie überzeugten jedoch nicht völlig. Einige Schritte wurden unternommen – die US-Börsenaufsichtsbehörde wurde gegründet; der systematische Erwerb von Mehrheitsbeteiligungen an Holdinggesellschaften wurde eingeschränkt, der besonders bei Stromversorgungsunternehmen betrieben worden war; die Einschusssätze bei Effektenkrediten wurden überprüft – all das war nicht nutzlos. Aber wie üblich galt die Aufmerksamkeit den Spekulationsinstrumenten. Nichts verlautete oder geschah oder konnte im Grunde im Hinblick auf den entscheidenden Umstand geschehen – die Spekulationsneigung selbst.

Eine heilsame Wirkung hatte der Börsenkrach von 1929 dennoch: Er blieb, was doch eine Ausnahme ist, im finanziellen Gedächtnis haften. In den folgenden 25 Jahren ging an den Aktienmärkten im Allgemeinen alles geregelt und ohne besondere Vorkommnisse zu. Aber auch wenn diese Stimmung länger anhielt als üblich, war die Finanzgeschichte keineswegs am Ende. Die Anfälligkeit für die Schumpeter'sche Spekulationsmanie sollte sich schon bald erneut Geltung verschaffen.

KAPITEL 7

Neuauflage: Der Oktobercrash

Noch einmal sei es betont, vor allem für diejenigen, die in dieser Frage zur Skepsis neigen: Aus praktischen Gründen sollte man unterstellen, dass das Gedächtnis in Sachen Finanzangelegenheiten höchstens 20 Jahre zurückreicht. Das ist normalerweise der Zeitraum, der notwendig ist, die Erinnerung an eine Katastrophe zu tilgen und irgendeiner Abart des alten Schwachsinns die Chance einzuräumen, erneut den ökonomischen Verstand zu übertölpeln. Es ist auch der Zeitraum, der normalerweise nötig ist, bis eine neue Generation die Szene betritt, die, wie ihre Vorgänger, von der eigenen Genialität überzeugt ist. Beherrscht von dieser Überzeugung, wird sie von zwei weiteren Einflüssen umnebelt, denen in unserer Welt ein großer Anteil an der Verführung zum Irrtum zukommt. Der erste ist, wie schon mehrfach erwähnt, die Bereitschaft jedes Menschen, der reich wird, diesen Wohlstand seinem überlegenen Scharfsinn zuzuschreiben. Und zweitens gibt es noch die entsprechende Neigung bei vielen, die in bescheideneren Verhältnissen leben, eine außergewöhnliche geistige Befähigung bei denen zu vermuten, die, wie flüchtig auch immer, mit Reichtum assoziiert werden. Nur in der Welt des Geldes gibt es ein so wirksames Muster, mit dem das kaschiert wird, was sich dann im Lauf der Zeit als Selbsttäuschung und Täuschung der Öffentlichkeit entpuppt.

Aber jede Regel hat ihre Ausnahmen. Während der 20-jährige Zyklus aus Selbsttäuschung, Ernüchterung und erneuter Selbsttäuschung im 19. Jahrhundert in den Vereinigten Staaten sehr regelmäßig auftrat, blieben einige der heftigeren irrationalen Ereignisse – die um John Law, der Südseeschwindel und der Börsenkrach von 1929 zum Beispiel – tatsächlich lebhafter in der finanzgeschichtlichen wie auch der allgemeinen öffentlichen Erinnerung haften. Die Folge war, dass Zweifel, Vorsicht und relative Vernunft etwas länger vorhielten.

Der Börsenkrach von 1929 leitete die schrecklichen Jahre der Weltwirtschaftskrise ein, für die der Zusammenbruch des Aktienmarktes mit Recht verantwortlich gemacht werden muss. In den unmittelbar darauffolgenden Wochen schwächte sich die Nachfrage nach vielen Verbrauchsgütern ab, das Vertrauen der Wirtschaft war erschüttert, die Investitionen, ein direkter Indikator, gingen zurück und die Konkurse nahmen zu. Die Ökonomen bemühten sich, wie ich angemerkt habe, damals wie später darum, das Marktverhalten zu rechtfertigen, und machten tiefer liegende Umstände wie die inzwischen unzureichende Flexibilität der Zentralbankpolitik für den wirtschaftlichen Rückgang verantwortlich. Das waren an Unsinn grenzende Ausflüchte. Der Zusammenbruch des Marktes traf tatsächlich auf eine äußerst anfällige Finanz-, Banken- und allgemeine Wirtschaftsstruktur. Es besteht eigentlich kein Zweifel, dass die Auswirkungen auf die Wirtschaft gewaltig waren, letztendlich sogar verheerend.

Mitte der 1950er-Jahre hörten die Amerikaner jedoch auf, den Aktienmarkt mit Argwohn zu betrachten – dem Gefühl, dass er irgendwie zu ihrer Ausbeutung bestimmt sei –, was nach dem Zusammenbruch von 1929 allgemein vorherrschende Meinung gewesen war. In den Jahren 1954 und 1955, ein Vierteljahrhundert nach den furchtbaren Oktobertagen, kam es zu einem bescheidenen Aufschwung.

In den späteren Jahren jenes Jahrzehnts und während der gesamten 1960er-Jahre gab es weitere spekulative Hausse-Perioden mit nachfolgenden Rückschlägen. Es waren wirtschaftlich gute, häufig hervorragende Jahre für die USA und andere Industrienationen – mit geringer Arbeitslosigkeit, einem stetigen und hohen Wirtschaftswachstum und niedrigen Inflationsraten. Bei solch allgegenwärtigem Optimismus glaubten viele, die jungen Marktteilnehmer, vor allem die dynamischen Jungunternehmer der 1960er-Jahre, hätten eine neue und äußerst innovative Investitionsmethode gefunden. Und diese selbst glaubten es natürlich auch. Vergleichsweise leichte Rückschläge von Zeit zu Zeit, insbesondere 1962 und 1969, korrigierten diesen Irrtum zumindest teilweise.

Bernard Cornfeld lebt heute [1993] unbehelligt in Frankreich. Er macht in Immobilien und denkt angeblich darüber nach, wieder ins Investmentfondsgeschäft einzusteigen.

Am durchschlagendsten erwies sich dieses spekulative Klima, wenngleich überwiegend unter amerikanischen Vorzeichen, in der

Schweiz. Von dort erfasste es ganz Europa und drang bis nach Südamerika vor.

Investors Overseas Services (IOS) war das Geistesprodukt – mancher würde sagen Geistesdefekt – einer zweifellos dynamischen Gruppe junger Männer unter Bernard Cornfeld und Edward Cowett – der erste ein ehemaliger Sozialarbeiter, der zweite ein zweifellos fähiger Rechtsanwalt. IOS war die Anführerin einer großen Gruppe offener Investmentfonds. Offene Investmentfonds investierten in andere offene Investmentfonds (die Fonds der Fonds), wozu auch „inzestuöse" Investitionen in Fonds der IOS selbst gehörten. Davon berührt waren weitere Firmen, die offene Investmentfonds verkauften und verwalteten, und auf einer ätherischeren Ebene Banken, Versicherungen und andere Finanzgebilde. Vor allem aber war IOS ein riesiger Verkaufsapparat, in dem Effektenverkäufer andere Verkäufer anwarben und eine Provision von deren Verkäufen kassierten. Die so Angeworbenen warben ihrerseits andere Verkäufer an, von denen sie dann ebenfalls Provisionen erhielten. In Deutschland war die Pyramide am Ende etwa sechs Etagen hoch und nur ein Bruchteil der eigentlichen Investitionen floss noch in die Wertpapiere, zu deren Ankauf sie gedacht waren. Alles Übrige ging in die Provisionen.

Es würde schwerfallen, sich ein finanztechnisch ungeeigneteres Unternehmen für Investoren auszudenken. Der IOS wurde von der US-Börsenaufsichtsbehörde untersagt, in den Vereinigten Staaten Wertpapiere zu verkaufen, später auch der Verkauf an Amerikaner, unabhängig von deren Wohnsitz – deshalb der Standort im Ausland. Aus Brasilien, das normalerweise als großzügiger Finanzplatz gilt, wurde die Gesellschaft vertrieben. Sie hatte wiederholt Schwierigkeiten mit der Schweiz und wurde schließlich gezwungen, viele ihrer geschäftlichen Transaktionen an einen Ort im benachbarten Frankreich zu verlegen. Trotzdem zog die IOS Investoren mit getrübtem Blick mehrere Millionen Dollar aus der Tasche, sogar den eigenen Verkäufern, die sich zuhauf im eigenen Verkaufsgeschick verfingen: James Roosevelt, ein Sohn des früheren amerikanischen Präsidenten, ehemals angesehenes Kongressmitglied und Botschafter bei den Vereinten Nationen; Sir Eric Wyndham White, ein hochgeschätzter internationaler Beamter und langjähriger Generalsekretär des GATT (General Agreement on Tariffs and Trade), sowie Dr. Erich Mende, ehemaliger Vizekanzler der Bundesrepublik Deutschland – sie alle stellten dem Unternehmen offenbar gutgläubig ihren Namen zur Verfügung. Sie sowie Tausende und Abertausende sprangen freudig auf die unwiderstehliche Frage Bernie Cornfelds an: „Möchten Sie wirklich reich werden?"

Das sollten sie am Ende bereuen. Eine Einladung von James Roosevelt, in den Verwaltungsrat einzutreten, hatte ich abgelehnt. Ich hatte es mir zur Regel gemacht, nicht in derartigen Geschäftsgremien tätig zu werden, und wurde in diesem Fall nachdrücklich bestätigt – durch das, was ich aus Anmerkungen von Schweizer Bankiers und Bekannten heraushörte, aber auch durch das eigene Wissen um die Gefahren solcher Unternehmungen. Es hätte, daran kann kein Zweifel bestehen, meinem Ruf als Wirtschaftswissenschaftler geschadet, hätte ich mich auf diese Geschäfte eingelassen. Dem Leser wäre diese Abhandlung dann erspart geblieben.

1969 wirkten sich rückläufige Verkaufszahlen und um ein Vielfaches gestiegene Effektenkurse nachteilig durch die gesamte Verkaufsorganisation hindurch aus. Verzweifelte Versuche, die Kurse durch interne Aufkäufe zu stützen, schlugen fehl, was angesichts der um sich greifenden Ernüchterung unvermeidlich war. Cornfeld wurde offenbar nicht nur zu seinem Schaden dazu bewogen, die noch verbliebenen erheblichen Vermögenswerte an Robert Vesco abzutreten. Dessen Reputation war so beschaffen, dass er es seit jener Zeit klugerweise vermieden hat, seinen Wohnsitz in den USA zu nehmen. Bernard Cornfeld selbst wurden zwar keine Straftaten angelastet, dennoch wurde er später bei einer offenbar unvorsichtigen Einreise in die Schweiz festgenommen, wo er einige Wochen in einem eidgenössischen Gefängnis verbrachte. Es ist kaum anzunehmen, dass er sich außer seiner fehlgeleiteten Tatkraft und seinen Ambitionen etwas hat zuschulden kommen lassen. Die Schuld lag, wie immer, bei denen, die so sehr darauf erpicht waren, auf ein so durchsichtiges Konzept einzusteigen und sich auf diese Weise ihr Geld abnehmen zu lassen.

Der Finanzflüchtling Robert Vesco, der in Kuba Zuflucht fand, übernahm 1971 die Kontrolle über Investors Overseas Services.

In diese Jahre fällt auch die begeisterte Aufnahme, die den Real Estate Investment Trusts (REITs) zuteilwurde, sowie später der gleiche, von Selbstlob durchsetzte Enthusiasmus der großen internationalen Banken – Citibank, Manufacturers Hanover, Continental Illinois und andere –, als sie die beträchtlichen Gelder der OPEC-Länder in Empfang nahmen und als Kredite an Mexiko, Brasilien, Argentinien, Polen und andere willige Empfänger weitergaben. Diese Rückführung, wie sie genannt wurde, galt damals als innovativ, als wunderbarer Einfall und auch als finanziell höchst achtbarer Vorgang. Das betrübliche Vermächtnis für die begünstigten Länder ist seither offenkundig geworden. Es bestand entweder in Zahlungsunfähigkeit oder einer erdrückenden Schuldenlast, die ihren Lebensstandard und die Stabilität ihrer Regierungen ernsthaft gefährdete. Einiges, vielleicht sehr viel von dem geborgten Geld wurde, ohne lokalen Nutzen, später in die Schweiz oder wieder nach New York zurückgeführt. Es ist nicht sicher, ob die verantwortlichen Banker, geschützt durch das hohe Ansehen, das mit den großen Vermögen einhergeht, ihren Fehler jemals ganz eingesehen haben.

Die kleineren Spekulationswellen der 1960er- und 1970er-Jahre und ihre abträglichen Folgen haben zur Genüge den Beweis erbracht, dass finanzielle Fehlleistungen auch in unserer Zeit nach wie vor an der Tagesordnung sind. Das in aller Deutlichkeit zu enthüllen blieb jedoch den 1980er-Jahren mit dem spektakulären Debakel am 19. Oktober 1987 vorbehalten.

Es gab, wie schon zuvor, kaum etwas Neues an dieser Spekulationseuphorie. Sämtliche Umstände waren wieder einmal und vorhersehbar beisammen. So wie man die Ära Calvin Coolidge bejubelt hatte, feierte man nun die Ära Ronald Reagan. Die Leverage trat erneut in Gestalt von Gesellschaftsübernahmen und Leveraged Buy-outs (fremdfinanzierte Übernahmeangebote) auf – ein geringer Eigenanteil und Einfluss, der durch hohe Verschuldung ermöglicht wurde. Das erforderliche Finanzierungsinstrument, das als absolute Neuheit galt, war auch zur Stelle: Obligationen mit hohem Risiko und deshalb hoch verzinst. Die Neuheit bestand jedoch tatsächlich im absolut zutreffenden Namen – Junkbonds (Schrottanleihen).

Der Einbruch der Börse 1987 erwischte in der Reagan-Ära eine jüngere Spekulantengeneration. Das Foto zeigt, wie die schlechte Nachricht an der Wall Street aufgenommen wurde.

Eine neue Generation junger Männer an der Wall Street legte das zwangsläufig kurze Gedächtnis an den Tag. Und es gab die Selbstbeweihräucherung besonders dreister Spekulanten, die bereits auf dem Weg in die Schande und ins Gefängnis waren. (Dennis Levine und Ivan Boesky, die berühmtesten Größen der neuen Generation, waren schon vor dem großen Knall so weit.) Michael Milken und Drexel Burnham Lambert, die Hauptfiguren beim Tausch von Eigenkapital gegen Junkbonds, erlebten in der Zeit danach ebenfalls schwere Tage. Mr. Milken kam mit den Aktienvorschriften in Konflikt und Drexel Burnham legten, nachdem sie ihre führenden Leute noch für frühere Leistungen belohnt hatten, einen spektakulären Konkurs hin. Es folgt die abschließende Würdigung des zuletzt erwähnten Fehltritts in *Fortune,* einer alles andere als radikalen Quelle:

> „Hat Drexel sich selbst umgebracht? Oder wurde sie umgebracht? Die Wahrheit ist, es war ein Fall von Selbstmord – und Mord. Die Firma war derart stark geworden, dass ihre Angestellten tatsächlich glaubten, machen zu können, was sie wollten, ohne bestraft zu werden. Deshalb konnten sie den 500 größten Unternehmen mit Übernahme drohen, ohne je politische Vergeltung befürchten zu müssen. Und daher konnten sie sich und ihre Kunden für Spekulationsgeschäfte restlos verschulden, ohne sich für den Tag zu wappnen, an dem Schulden nicht mehr ‚in' sein würden. Ein früherer leitender Mitarbeiter bekennt: ‚Schauen Sie, wir dachten, wir sind unverwundbar.'"

Hätten sie Fingerspitzengefühl und einen wachen Verstand besessen, hätten weder Milken noch einer seiner Mitgesellschafter das Risiko dauernder persönlicher und öffentlicher Schande auf sich genommen. Wieder einmal führte das Geld ins Verderben.

Dass der Crash von 1987 und seine Folgen vorhersehbar waren und ganz nach gewohntem Muster abliefen, kann ich offen behaupten, denn ich habe, wie schon erwähnt, die entsprechende Voraussage gewagt. Anfang 1987 habe ich mich in der Zeitschrift *The Atlantic* mit der bevorstehenden Katastrophe und den Parallelen zu 1929 befasst und von einem „Tag der

Abrechnung [gesprochen], ... an dem der Markt im scheinbar freien Fall zusammenbricht". Ich habe auf eine Wahrheit hingewiesen, die in diesem Buch mehr als zur Genüge hochgehalten worden ist: „Dann wird man das älteste Gesetz der Wall Street wiederentdecken: Finanzgenies sind Genies bis zum Tag des Bankrotts."

In meinem Beitrag habe ich allerdings auch erklärt, dass der Zusammenbruch, wenn er komme, in seinen wirtschaftlichen Auswirkungen nicht so verheerend sein würde wie der von 1929. Hier hatte sich etwas geändert. Ein sozialstaatliches System, Einkommenshilfen für die Landwirte in einer überwiegend agrarischen Wirtschaft, gewerkschaftliche Lohnhilfen, Einlagenversicherung für Banken (und ähnlich auch für Bausparkassen) und eine umfassende Bereitschaft der Staaten, die wirtschaftliche Aktivität ihrer Länder im Sinne von Keynes zu fördern – lauter Dinge, die es nach der Katastrophe von 1929 nicht gegeben hatte –, hatten der Wirtschaft Flexibilität und Spannkraft verliehen. Es bestand somit eine geringere Anfälligkeit für einen schweren und länger andauernden Abschwung.

In den Wochen und Monaten nach dem Debakel von 1987 erlebten wir eine höchst bemerkenswerte Kür im Erfinden von Ausflüchten, bemerkenswert selbst dann, wenn man den schon beachtlichen Maßstab der Vergangenheit anlegt. Die erste Reaktion kam von einer Versammlung ehemaliger Finanzminister, Verbandssprecher und Führungskräfte großer Unternehmen. Sie gaben gemeinsam eine Anzeige in der *New York Times* auf, in der sie den Zusammenbruch auf das Haushaltsdefizit der USA zurückführten. Dieses Defizit hatte nach Meinung konservativer Finanzexperten in den sechs Jahren der

Reagan-Regierung auf einem beängstigenden Niveau verharrt. Doch an jenem furchtbaren Oktobermorgen dämmerte dann angeblich mit einem Schlag die Erkenntnis. Die Finanzmärkte sahen plötzlich klar. Es erwies sich wieder die Fähigkeit der Männer in hohen wirtschaftlichen Positionen, einen Popanz zu errichten. Im vorliegenden Fall grenzte er ans Absurde.

Als Nächstes gab es mehrere Untersuchungen – von der New Yorker Börse, der amerikanischen Börsenaufsichtsbehörde SEC und einer Sonderkommission des US-Präsidenten. Sie kamen zu Ergebnissen, die vom Nebensächlichen bis zum absolut Lächerlichen reichten. Die von Präsident Reagan beauftragte Kommission unter Vorsitz von Nicholas F. Brady beanspruchte die größte Aufmerksamkeit. Sie überging die vorangegangene Spekulationseuphorie nicht völlig. Auf den ersten fünf oder sechs Seiten, die überwiegend Grafiken enthielten, wurde das vorherige Bestehen eines Hausse-Marktes eingeräumt und der Bericht vermerkt in einem Kommentar im Anhang kühn und klug, dass „alles, ob gut oder schlecht, irgendwann einmal ein Ende haben muss und den weltweiten Hausse-Markt ereilte das mit aller Macht im Oktober 1987“. Die Untersuchung vernachlässigte diese grundlegende Wahrheit dann aber und hob höchst untergeordnete Faktoren hervor – den Programmhandel, die Portfolioversicherung, überwiegend nicht näher bezeichnetes Fehlverhalten amtlicher Kursmakler. („Die Leistung der amtlichen Kursmakler der New Yorker Börse während des Markteinbruchs im Oktober schwankte im zeitlichen Ablauf und von Makler zu Makler.“) In einem weiteren atemberaubenden logischen Sprung wurden gewisse Aufsichtsbestimmungen identifiziert, die den Zusammenbruch angeblich mit verursacht hatten. Dass das Spekulationsfieber und seine Folgen immer wiederkehren und systemimmanente unheilvolle

Eigenarten des Marktes aufzeigen, die sich jahrhundertelang gehalten haben, blieb weitgehend unerwähnt.

Die anderen Untersuchungen verfuhren ebenso. Die Ausführungen der Börsenaufsichtsbehörde, ein Konvolut von knapp fünf Pfund, waren ganz der Marktentwicklung und den „Strategien" während des Zusammenbruchs gewidmet. Die Umstände, die dazu geführt hatten, fanden keine Erwähnung. In dem Bericht hieß es zusammenfassend, im Programmhandel sei eine computergestützte technologische Intelligenz an die Stelle der menschlichen getreten. Die Technologie könne urplötzlich und in beispiellosem Umfang Verkaufsaufträge ausspucken.

Index- und Optionshandel hatten den Markt tatsächlich in eine Art Spielbank verwandelt. Als schuldlos wurden jedoch die Individuen, Spekulationsfonds, Pensionsfonds und andere institutionelle Anleger betrachtet, die in ihrer Naivität und mit ihren großen Erwartungen so töricht gewesen waren, sich in die Spielbank zu begeben.

Der amerikanische Kongress berief Hearings über den Börsenkrach ein. Gesetze zu einigen der Spielbankeffekte wurden beraten, aber nicht verabschiedet. Vielleicht sagte eine innere Stimme dem Gesetzgeber, dass diese Maßnahmen keinerlei wesentliche Bedeutung hatten. Der immer wiederkehrende und betrüblicherweise irrige Glaube, dass müheloses Reichwerden etwas mit dem zu tun hat, was allgemein für außergewöhnlichen finanziellen Scharfsinn und Durchblick gehalten wird, ist nichts, was sich für gesetzliche Maßnahmen eignet.

Die Geschichte und ihr bestechendes Überraschungselement sind endlos und kennen auch keine Ländergrenzen. Im März 1990 stürzten die japanischen Aktienkurse völlig überraschend ab – wichtige Aktienindizes an der Tokioter Börse verloren fast ein Viertel ihres Wertes. (Dann kam jedoch die japanische Findigkeit ins Spiel. Eines der führenden Investmenthäuser, das sich um Japan sorgte, berichtete, „es sei im Gespräch, die Bilanzierungsrichtlinien zu ändern, sodass eine Institution, die mit Wertpapieren Geld verliert, diesen Tatbestand geheim halten kann“.) In einem Bericht der *Washington Post* stand, was man bereits vermutet hatte: „Es galt allgemein als selbstverständlich, ... dass der japanische Wertpapiermarkt, der vom Staat und den großen Investmenthäusern manipuliert wird, sich nur nach oben entwickeln kann und Mittel für den Exportkampf des Landes im Ausland beschafft.“

In den letzten Monaten, als dieses Buch entstand, kam aus Kanada die Kunde vom Zusammenbruch der Geschäfte von Robert Campeau, der im großen Stil auf Kredit spekuliert hatte. Diese Geschäfte hatten die größten Einzelhandelskonzerne des Kontinents unter der Schuldenlast erdrückt. Es war fraglich, ob noch genug Geld da war, die Waren zu bezahlen, die man für den Verkauf benötigte. Bis zum Tag der Abrechnung fragte kaum jemand, was dieser alles andere als herausragende kanadische Immobilienspekulant, das Produkt einer sogenannten Achterbahnkarriere, beispielsweise für Bloomingdale's tun konnte. Der New Yorker Einzelhandelsberater Howard Davidowitz, der gelegentlich Kontakt mit ihm hatte, sagte über ihn in der Zeitschrift *Maclean's*: „Er war der Mann am Kopfende des Tisches, der mit der Faust auf den Tisch schlug und schrie: ‚Macht das verdammte Geschäft!‘ Niemand hätte ihn aufhalten können.“ Das sind keine besonders guten Voraussetzungen. *Fortune* brachte es erneut auf den Punkt:

„DAS GRÖSSTE UND DÜMMSTE GESCHÄFT ALLER ZEITEN. WIE DER ÜBERSPANNTE ROBERT CAMPEAU UND SEINE GEBÜHRENVERSESSENEN BANKER EINE GEWALTIGE ÜBERNAHME AUSHECKTEN, DIE PROMPT DANEBENGING."

Die angesprochenen Banker gehörten, wie wohl kaum noch betont werden muss, zu den angesehensten ihres Fachs auf dem amerikanischen Kontinent. Das traf auch auf die zu, die die glitzernde Architektur eines Donald Trump und seinen kaum weniger abenteuerlichen Ausflug in die Luftfahrt förderten. Ein Wort des Mitgefühls sollte den Herren Campeau und Trump dennoch zuteilwerden. Die Presse und große Teile der Öffentlichkeit haben mit einer gewissen Schadenfreude auf die Verwandlung der beiden von mehr oder weniger selbsternannten Finanzgenies in verdammenswerte Subjekte reagiert. Das ist eine äußerst einseitige Sicht. Nahezu unerwähnt blieb die extrem mangelhafte Beurteilung der Banken, die diesen Männern Kredite gewährten. Was in aller Welt taten sie? Jeder, der fernsieht, weiß, dass die Citibank nichts lieber glaubt, als dass die Amerikaner nicht nur überleben, sondern auch erfolgreich sein möchten. Erwähnt werden sollte auch ihr Wunsch nach Bankenliquidität und Vernunft. Wer, so fragt

Der kanadische Bauunternehmer Robert Campeau wurde als Vorsitzender seines Konzerns abgesetzt, nachdem er dessen Unternehmen in hohe, gefährliche Schulden getrieben hatte.

man sich, hielt es für vernünftig, diesen notorischen Abenteurern mit Hunderten von Millionen anvertrauter Dollar unter die Arme zu greifen? Und auf die Vereinigten Staaten insgesamt bezogen stellt sich die gleiche Frage bei denen, die die Bausparkassen aus Versehen, Optimismus, Dummheit und mit unverhohlenem, plumpem Diebstahl in den größten Finanzskandal aller Zeiten manövriert haben.

KAPITEL 8

Reprise

Im Leben wird kaum ein Hinweis so oft gegeben wie der auf die Lehren der Geschichte. Diejenigen, die sie nicht kennen, sind verurteilt, sie zu wiederholen. Diese Lehren können jedoch verwirrend vieldeutig sein, und das vor allem in der Wirtschaft. Das liegt daran, dass das Wirtschaftsleben sich in einem Prozess ständigen Wandels befindet und folglich das, was frühere Ökonomen wie Adam Smith, John Stuart Mill, Karl Marx, Alfred Marshall und andere gesagt haben, eine unsichere Leitlinie für die Gegenwart oder Zukunft ist.

Wenn die maßgeblichen Umstände jedoch gleich sind, sind die Lehren der Geschichte zwingend – ja unausweichlich. Und das ist hier der Fall.

Auf die Gefahr hin, mich zu wiederholen – das erneut zu formulieren, was inzwischen hoffentlich allgemein einsichtig ist –, seien die Lehren hier zusammengefasst. Die Umstände, die den beständigen Rückfall in den finanziellen Schwachsinn bewirken, haben sich seit dem Tulpenschwindel von 1636/37 praktisch nicht geändert. Einzelpersonen und Institutionen lassen sich von der wundersamen Befriedigung gefangen nehmen, die aus der Anhäufung von Wohlstand erwächst. Die damit einhergehende Illusion, über Einsicht zu verfügen, wird ihrerseits durch den häufig festzustellenden allgemeinen Eindruck verstärkt, dass Intelligenz, die eigene wie die anderer, und der Besitz von Geld aufs Engste zusammengehören. Aus dieser Überzeugung erwächst dann das Handeln – die Preistreiberei etwa bei Immobilien, Wertpapieren oder, wie in jüngster Zeit, bei Kunstwerken. Die Aufwärtsbewegung bestätigt den Zusammenhang mit der eigenen Vernunft und der der Gruppe. Und so weiter – bis zum Augenblick der allgemeinen Ernüchterung und des Zusammenbruchs. Und Letzterer kommt, wie inzwischen sicher hinreichend bekannt ist, niemals sanft. Er wird immer begleitet von dem verzweifelten und weitgehend erfolglosen Bemühen, auszusteigen.

Diesem Ablauf wohnen auch die Elemente inne, die bewirken, dass er insgesamt gesehen falsch verstanden wird. Die Beteiligten wollen sich nie selbst der Dummheit zeihen. Märkte sind auch in einem theologischen Sinn sakrosankt. Eine gewisse Schuld kann den spektakuläreren oder betrügerischen Spekulanten angelastet werden, aber auf keinen Fall den eben noch verzauberten (und nun desillusionierten) Beteiligten. Die unwichtigsten Fragen sind die, über die am meisten geredet wird: Was hat den Crash ausgelöst? Gab es besondere Umstände, die ihn so heftig haben ausfallen lassen? Wer soll zur Rechenschaft gezogen werden?

Die allgemein anerkannte Lehre vom Markt nimmt, wie angeführt, eine systemimmanente Vollkommenheit des Marktes an. Der Markt kann abgehobene oder leichtsinnige Wünsche spiegeln; er kann zu einem Monopol, unvollkommenem Wettbewerb oder Informationsirrtümern neigen. Davon abgesehen aber ist er an sich vollkommen. Doch die Spekulationswelle mit

Gewinnen, die zu Gewinnen führen, ist eindeutig ein dem Markt immanenter Vorgang. Und das gilt auch für den Zusammenbruch auf dem Höhepunkt. Da ein solcher Gedanke von der zugrunde liegenden Lehre her undenkbar ist, muss man stets nach äußeren Einflüssen suchen – in neuerer Zeit der Abschwung im Sommer 1929, das Haushaltsdefizit der 1980er-Jahre und die „Marktmechanismen", die zum Crash von 1987 führten. Ohne diese Faktoren wäre der Markt angeblich auf dem hohen Niveau geblieben oder hätte sich langsam nach oben oder unten entwickelt, ohne dass schmerzhafte Brüche entstanden wären. Auf diese Weise kann der Markt hinsichtlich systembedingter Fehler von jeder Schuld freigesprochen werden. Es gibt im wirtschaftlichen Leben nichts, das so vorsätzlich falsch gedeutet wird wie die große spekulative Euphorie.

Die letzte noch offene Frage lautet, was getan werden sollte – wenn überhaupt. Der wiederholte Rückfall in die Dummheit ist ein nicht unbedingt attraktives Merkmal des Kapitalismus. Die menschlichen Kosten sind nicht zu vernachlässigen, genauso wenig wie die wirtschaftlichen und sozialen Auswirkungen. Der Schaden nach dem Crash von 1929 war enorm und trug, wie erwähnt, erkennbar zum Abschwung in der Folgezeit bei. Nach 1987 gab und auch heute noch gibt es die hohen Schuldenreste aus dem Einsatz der Leverage, die Zinsansprüche gegenüber denen produktiver und innovativer Investitionen und jetzt das Trauma vom Bankrott. Und es gibt die bleibenden Auswirkungen – die Verluste von Individuen und Pensionsfonds durch die Junkbonds.

Aber man kann wahrscheinlich nur versuchen, die spekulative Tendenz und den Vorgang selbst besser zu durchschauen.

Viel mehr kann man vermutlich nicht tun. Bestimmungen zur Ächtung der finanziellen Leichtgläubigkeit oder einer Massen-euphorie sind keine praktikable Option. Würde man sie generell auf einen derartigen menschlichen Zustand anwenden, wäre das Ergebnis eine eindrucksvolle, vielleicht erdrückende, bestimmt aber wirkungslose Gesetzesflut.

Das einzige Mittel ist tatsächlich erhöhte Skepsis, die hinter einem zu ausgeprägten Optimismus ein gehöriges Maß an Dummheit vermutet und Intelligenz nicht mit der Anhäufung, dem Einsatz oder schließlich der Verwaltung großer Geldsummen assoziiert. Eine der unfehlbaren Regeln, von denen sich der einzelne Investor und natürlich auch jeder Manager eines Pensions- oder sonstigen Fonds leiten lassen kann, sollte sein: Eng mit Geld in Verbindung stehende Menschen neigen, und das mit großer Wahrscheinlichkeit, zu einem auf Selbstbestätigung abzielenden und stark fehleranfälligen Verhalten. Nehmen Sie auch das als eine bleibende Lehre dieses Buches mit.

Eine andere Regel lautet: Wenn auf einem Markt oder im Zusammenhang mit einem Investitionsprojekt eine besonders aufgeheizte Stimmung herrscht, wenn von einer einmaligen Gelegenheit geredet wird, die besonderen Weitblick voraussetzt, sollte man einen großen Bogen darum machen; es ist Vorsicht geboten. Vielleicht bietet sich tatsächlich eine Gelegenheit. Vielleicht liegt tatsächlich ein Schatz auf dem Grund des Rheins. Die Geschichte belegt jedoch auf vielfältige Weise, dass man oft oder sogar meistens von anderen oder sich selbst getäuscht wird.

Niemand, der einen Beitrag wie diesen verfasst, wird der Frage entgehen: Wann kommt die nächste große Spekulation und auf welchem Schauplatz – Immobilien,

Wertpapiermärkte, Kunst, alte Automobile? Darauf gibt es keine Antwort; das weiß niemand. Und jeder, der sich anmaßt, eine Antwort zu haben, weiß nicht, dass er es nicht weiß. Aber eines ist gewiss: Es wird noch weitere derartige Ereignisse geben. Die Dummen werden, wie man seit Langem sagt, früher oder später von ihrem Geld befreit. Das trifft leider auch auf diejenigen zu, die sich von einer allgemeinen optimistischen Stimmung treiben lassen und von der Illusion gefangen sind, in finanziellen Dingen besonders gewieft zu sein. So ist es seit Jahrhunderten und so wird es auch noch lange bleiben.

Anmerkungen zu den Quellen

Kapitel 1

Das Zitat zum amerikanischen Wohlstand über Paul M. Warburg auf Seite 19 stammt aus *The Market Place* von Alexander Dana Noyes (Boston: Little, Brown & Company, 1938), S. 324.

Die Erklärung von Hornblower and Weeks auf Seite 20 ist ein Zitat aus *The Wall Street Journal* vom 6. September 1929.

Kapitel 3

Die Quelle zu Braudel auf Seite 36f. ist *Civilization and Capitalism, 15-18th Century*, Bd. II: *The Wheels of Commerce,* Übers. Sian Reynolds (New York: Harper & Row, 1982), S. 100f.

Das Zitat auf Seite 38 stammt aus „The Tulip Mania in Holland in the Years 1636 and 1637" von N.W. Posthumus, *Journal of Economic and Business History*, Bd. I, 1928-1929. Es wird zitiert bei Braudel, S. 101.

Die Geschichte von dem Seemann und die anderen Kuriositäten aus der Zeit des Tulpenschwindels auf den Seiten 39-41 finden sich in Charles Mackays *Extraordinary Popular Delusions and the Madness of Crowds* (Boston: L. C. Page, 1932). Eine deutsche Übersetzung erschien in Hans Magnus Enzensbergers „Andere Bibliothek“, Eichborn Verlag, Frankfurt 1991. Die Zitate folgen der deutschen Übersetzung. Die erste Ausgabe dieses Buches kam 1841 in London heraus. Es wurde zwar durch spätere Forschung und Schriften in einigen Punkten überholt, bleibt aber dennoch bis auf den heutigen Tag einer der fesselndsten und farbigsten Berichte über spekulatives Fehlverhalten.

John Laws frühes Leben (das auf den Seiten 43 f. gestreift wird) wird eingehend geschildert in *The Life of John Law* von H. Montgomery Hyde (Amsterdam: Home & Van Thal, 1948). Vgl. auch *John Law* von Robert Minton (New York: Associated Press, 1975). Ich habe mich mit Law befasst in: *Geld. Woher es kommt, wohin es geht* (München, Zürich, 1976).

Die Schilderung vom Lebensende John Laws auf Seite 48 stammt aus den *Historical Memoirs* des Duc de Saint-Simon, herausgegeben und übersetzt von Lucy Norton (London: Hamish Hamilton, 1972), Bd. III, S. 299; die Darstellung der französischen Wirtschaft auf Seite 48 f. aus derselben Quelle, S. 269.

Kapitel 4

Die Anmerkung über den finanziellen Verlust Sir Isaac Newtons auf Seite 53 ist von Robert Wernick, „When the Bubble burst, all of England wound up broke“, *Smithsonian*, Dezember 1989, S. 158.

Die territorialen Grenzen für die South Sea Company, die auf Seite 55 genannt werden, sind aus *The South Sea Bubble* von John Carswell (Stanford, Kalifornien: Stanford University Press, 1960), S. 54. Es ist eines der Standardwerke über den Schwindel.

Das Mackay-Zitat auf Seite 59 stammt ebenfalls aus *Extraordinary Popular Delusions and the Madness of Crowds*, S. 72.

Kapitel 5

Das Zitat auf Seite 62 stammt aus *History of the Bank of England: 1640 to 1903* von Andreas Andréadès, 2. Aufl. (London, P. S. King & Son, 1924), S. 250, und zitiert Juglar, *Les crises economiques*, S. 334.

Ich habe mich mit der auf Seite 65 f. beschriebenen Inflation kurz in *Geld. Woher es kommt, wohin es geht* befasst.

Das erste Zitat auf Seite 66 ist von Norman Angell, *The Story of Money* (New York: Frederick A. Stokes Co., 1929), S. 279, das zweite von A. Barton Hepburn, *A History of Currency in the United States* (New York: Macmillan Publishing Company, 1915), S. 102.

Die Bezeichnung „Spekulationsmanie" auf Seite 74 stammt von Joseph Schumpeter, *Konjunkturzyklen. Eine theoretische, historische und statistische Analyse des kapitalistischen Prozesses* (Göttingen: Vandenhoeck & Ruprecht, 1961). Vgl. insbesondere die Seiten 275 ff.

Kapitel 6

Die besondere Charakter des Jahres 1929, auf den ich auf Seite 78 f. anspiele, wird auf den ersten Seiten meines Buches *Der große Crash 1929* behandelt. Es gab mehrere Auflagen; das Zitat aus dem *Wall Street Journal* auf Seite 82, die Stellungnahme von Irving Fisher auf Seite 86 und die Kommentare von Joseph Stagg Lawrence ebenda sind alle der Auflage des Jahres 1988 entnommen.

Die Statistik über das Banken-Clearing in Miami auf Seite 82 stammt von Frederick Lewis Allen, *Only Yesterday* (New York: Harper, 1931), S. 282.

Kapitel 7

Die Frage von Cornfeld auf Seite 98 wurde zum Titel eines ausgezeichneten Buches über Investors Overseas Services von Charles Raw, Bruce Page und Godfrey Hodgson (New York: Viking Press, 1971).

Das Zitat aus *Fortune* auf Seite 102 stammt aus der Ausgabe vom 21. Mai 1990.

Mein auf Seite 102 f. erwähnter Artikel erschien in der Januar-Ausgabe 1987 von *The Atlantic*.

Die Zitate auf Seite 104 stammen aus dem *Report of the Presidential Task Force on Market Mechanisms*, Januar 1988, Untersuchung I, S. 1-11 und 49.

Die auf Seite 105 erwähnte SEC-Untersuchung hat den Titel *The October 1987 Market Break: A Report* und wurde von der Abteilung Marktordnung der US-Börsenaufsichtsbehörde im Februar 1988 herausgegeben.

Die Anmerkung von Howard Davidowitz auf Seite 106 erschien in *Macleans's*, 29. Januar 1990, S. 48.

480 Seiten
gebunden mit SU
29,99 [D] / 30,90 [A]
ISBN: 978-3-86470-666-0

Robert J. Shiller
Narrative Wirtschaft

„Tech-Aktien steigen immer!“ „Immobilienpreise fallen nie!“ Stimmt das wirklich? Ob wahr oder nicht, solche Narrative beeinflussen das Verhalten von Menschen und somit auch die Wirtschaft massiv. Wie entstehen Narrative? Wie gehen sie viral, wie gewinnen sie an Einfluss, wann verlieren sie diesen wieder? Welche Auswirkungen haben sie? Und, last, but not least: Wie lassen sich mit ihnen ökonomische Zusammenhänge und Entwicklungen besser verstehen und vorhersagen? Diese Fragen untersucht Robert J. Shiller in seinem vielleicht wichtigsten Buch.

PLASSEN
VERLAG